HEINZ MÜLLER-DIETZ

Probleme des modernen Strafvollzuges

Möglichkeiten und Schranken eines behandlungsorientierten Vollzuges

SCHRIFTENREIHE
DER JURISTISCHEN GESELLSCHAFT e.V.
BERLIN

Heft 45

1974

DE GRUYTER · BERLIN · NEW YORK

Probleme des modernen Strafvollzuges

Möglichkeiten und Schranken eines behandlungsorientierten Vollzuges

Von

Heinz Müller-Dietz

Vortrag am
28. November 1973

W
DE
G

1974

DE GRUYTER · BERLIN · NEW YORK

ISBN 3 11 004968 6

I.

Der heutige Strafvollzug befindet sich in einer Phase des Umbruchs, zumindest des allmählichen Wandels[1]. Die Konturen seiner künftigen Entwicklung zeichnen sich vorerst nur vage ab. Noch besteht Konsens allenfalls nur darin, daß das Etikett „Behandlungsvollzug" auf die gegenwärtige Struktur des Vollzuges nicht in vollem Umfange zutrifft und eher jener Entwicklung vorgreift[2]. Insofern entspricht die Umbenennung der „Strafanstalten" in „Justizvollzugsanstalten" mehr einer Absichtserklärung als der gegenwärtigen sozialen Wirklichkeit des Vollzuges; sie ist freilich auch weniger radikal, als Kritiker meinen, weil sie die Zugehörigkeit des Vollzuges zur Justiz zum Ausdruck bringt, die trotz aller Veränderungen de jure und de facto doch Strafjustiz geblieben ist[3]. Weitgehend kennzeichnet die vollzugspolitische Szene die Suche nach Lösungen und das Bemühen um Orientierung. Wie ein Behandlungsvollzug im ein-

---

* Die vorliegende Abhandlung stellt die erheblich erweiterte und durch Anmerkungen ergänzte Fassung des Vortrages dar, den ich am 28. November 1973 in Berlin gehalten habe. Sie ist von dem Bestreben geleitet, grundlegende Prämissen einer Strafvollzugsreform, die mit der Entwicklung und Verwirklichung des Behandlungskonzepts verknüpft sind, herauszustellen und zu problematisieren, um dadurch die Komplexität des Themas zu verdeutlichen und einer differenzierteren Diskussion vorzuarbeiten. Hingegen ist es nicht Absicht dieser Schrift, ein weiteres Behandlungsmodell zu entwerfen und vorzulegen. Die Erfahrung zeigt, daß ein derartiges Vorhaben angesichts des gegenwärtigen Standes von Theorie und Praxis auch wissenschaftlichen Analysen vielfach nur auf Kosten wesentlicher Teilaspekte gelingt. Die einschlägige Literatur hat in einem Maße zugenommen, daß selbst ständige Beschäftigung mit dem Thema der Strafvollzugsreform keine umfassende Kenntnis mehr verbürgt (vgl. z. B. meine Literaturberichte in: ZStW 82 [1970], S. 693—739, 997—1046, [1971], S. 500—528, 85 [1973], S. 128—168, 975—1014). Auch deshalb handelt es sich bei den folgenden Nachweisen nur um eine Auswahl solcher Veröffentlichungen.

[1] Das dokumentieren schon die Titel zentraler Arbeiten zur Vollzugsreform; vgl. etwa *Schüler-Springorum*, Strafvollzug im Übergang, 1969; *Calliess*, Strafvollzug-Institution im Wandel, 1970. Vgl. auch *Böhm*, Strafvollzug zwischen Tradition und Reform, 1971.

[2] Zur gegenwärtigen Situation namentlich Helga *Einsele*, Möglichkeiten und Grenzen eines sozialisierenden Justizvollzuges heute, Archiv für Wissenschaft und Praxis der sozialen Arbeit 2 (1972), S. 83—92; *dies.*, Die Vollzugsreform aus der Sicht des Praktikers, in: Kriminologische Gegenwartsfragen, 11. H., 1974. Vgl. ferner Straffälligenhilfe im Umbruch, hrsg. vom Bundeszusammenschluß für Straffälligenhilfe, 1972; *Böhm*, Anmerkungen zur Vollzugspraxis, Recht und Gesellschaft 3 (1973), S. 105—109.

[3] Vgl. etwa Günther Kaiser, Entwicklungstendenzen des Strafrechts, in: Festschr. f. Maurach, 1972, S. 25—39; *Müller-Dietz*, Sozialarbeit als zentrale Aufgabe der Strafrechtspflege, BewHi 20 (1973), S. 104—125 (120 ff.).

zelnen aussehen müßte und könnte, scheint noch nicht definitiv festzustehen.

Um die Situation der Vollzugsforschung ist es kaum anders bestellt[4]. Darüber kann auch die scheinbare Selbstgewißheit, mit der Thesen zur künftigen Ausgestaltung des Vollzuges vorgetragen und Behandlungsmodelle präsentiert werden, nicht hinwegtäuschen. Die Frage ist, ob und inwieweit der heutige Stand der Behandlungsforschung schon präzise Antworten erlaubt. Dessen muß sich vor allem bewußt sein, wer über die Kritik an bisherigen Vollzugskonzepten hinausgehen und neue Behandlungsmodelle entwickeln möchte. Denn dies setzt deren empirische Bestätigung, ja vielleicht sogar die so häufig vermißte Globalperspektive voraus — die es in der Tat schwerlich gibt. Zweifellos wirkt das Bild eines solchen umfassenden Konzepts, das zugleich die Lösung aktueller praktischer Schwierigkeiten verspricht, bestechend. Deshalb kommen auch globale Vollzugskonzepte dem latenten Hang zum Dogmatismus und Perfektionismus so sehr entgegen. Ihr reicher theoretischer Fundus würde dann für mangelnde Verwirklichung entschädigen, die der Vollzugs- wie der Gesetzgebungspraxis angelastet werden könnte. Deren Zurückbleiben hinter der Theorie könnte faktisch — wenn auch ungewollt — zum Alibi für das Ausbleiben grundlegender Reformen werden, die man ursprünglich einmal angestrebt hat.

Das mag übertrieben erscheinen. Doch findet eine solche Diagnose Nahrung in bestimmten Entwicklungen der jüngsten Zeit. Denn bereits droht sich auf dem Gebiet des Vollzuges zu wiederholen, was in einer fast schon vergessenen Frühphase der Strafrechtsreform, nämlich in den 50er und 60er Jahren, geschehen ist: daß von der „großen Reform" — wie immer man sie in der Sache beurteilt haben mag — lediglich kleine Teilschritte übrigbleiben, die nur mühsam und gegen allerlei Widerstände

---

[4] Zur Lage der Vollzugs-, namentlich der Behandlungsforschung vor allem Günther *Kaiser*, Kriminologische Forschung in Deutschland und die empirischen Untersuchungen am Max-Planck-Institut, ZStW 83 (1971), S. 1093—1130 (1108 f.); *ders.*, Kriminologie, 2. Aufl., 1973, S. 86 ff.; *Leisner*, Psychotherapeutic Treatment in German Penal Institutions, in: Criminological Research Trends in Western Germany, ed. by *Kaiser* and *Würtenberger*, 1972, S. 112—132; Hans Joachim *Schneider*, Die gegenwärtige Lage der deutschsprachigen Kriminologie, JZ 28 (1973), S. 569—583 (581 f.); *ders.*, Kriminologie, 1974, S. 183 ff. (USA).

7

durchgesetzt werden können. Dieses Eindrucks kann sich nicht ganz erwehren, wer den Weg der Strafrechtsreform bis zu den Strafrechtsreformgesetzen von 1969 und danach verfolgt hat und damit die gegenwärtige vollzugspolitische Szene vergleicht. Ein Unterschied liegt freilich darin, daß am Anfang der Strafrechtsreform der auf die Entwürfe von 1958 und 1960 zurückgehende Regierungsentwurf eines StGB von 1962 gestanden hat, dessen Grundkonzept heute noch schwerlich jemand verteidigen möchte, während selbst die Kritiker des Kommissionsentwurfs eines Strafvollzugsgesetzes (KE) von 1971 wohl kaum ein ähnlich hartes Urteil über diesen fällen dürften[5]. Und einen weiteren Unterschied mag man darin sehen, daß die ursprüngliche strafrechtliche Konzeption im Laufe der Beratungen Anleihen bei einer moderneren Kriminalpolitik aufnahm, während das — von einigen Details und marginalen Korrekturen abgesehen — jedenfalls bisher nicht von der weiteren Entwicklung des KE behauptet werden kann. Es ist kein Geheimnis, daß partielle Verbesserungen des KE durch Rückschritte im Regierungsentwurf eines Strafvollzugsgesetzes (RE) von 1972[6] mehr als aufgewogen werden; und man tut wohl niemand mit der Feststellung unrecht, daß die Sicherheit, die der RE der Praxis geben will, durch die Ordnung komplettiert wird, die der Bundesrat mit seiner Stellungnahme zum amtlichen Entwurf[7] wieder-

---

[5] Entwurf eines Gesetzes über den Vollzug der Freiheitsstrafen und der freiheitsentziehenden Maßregeln der Besserung und Sicherung — Strafvollzugsgesetz — (Kommissionsentwurf). Hrsg. vom Bundesministerium der Justiz, 1971. Dazu *Uhlitz*, Strafvollzugsreform: beste Absicht - wenig Aussicht, ZRP 4 (1971), S. 281—286; *Grunau*, Auf dem Weg von der Strafanstalt zur Sozialklinik, DRiZ 49 (1971), S. 220—223; *Weinert*, Das künftige Strafvollzugsgesetz, Recht und Politik 1971, S. 157—161; *Baumann*, Die Strafvollzugsreform aus der Sicht des Alternativ-Entwurfs der Strafrechtslehrer, in: Die Strafvollzugsreform, hrsg. von Arthur *Kaufmann*, 1971, S. 21—33; *Böning*, Gedanken zur Reform des Strafvollzuges, SchlHA 1972, S. 17—20; *Krebs*, Soziale Hilfe im Freiheitsentzug, Gefährdetenhilfe 14 (1972), S. 25—28; *Jung*, Der Entwurf eines Strafvollzugsgesetzes, JuS 12 (1972), S. 482—484; *Müller-Dietz*, Wege zur Strafvollzugsreform, 1972, S. 117—130; *Suttinger*, Der Entwurf eines Strafvollzugsgesetzes und die Vollzugswirklichkeit, in: Festschrift f. Heinitz, 1972, S. 517—531; *Schüler-Springorum*, Der Kommissionsentwurf eines Strafvollzugsgesetzes, in: Kriminologische Gegenwartsfragen, H. 11, 1974.
[6] Entwurf eines Gesetzes über den Vollzug der Freiheitsstrafe und der freiheitsentziehenden Maßregeln der Besserung und Sicherung — Strafvollzugsgesetz (StVollzG) —. Hrsg. vom Bundesministerium der Justiz, 1972. Jetzt auch in der Drucksache 7/918 des Deutschen Bundestages veröffentlicht.
[7] Vgl. Drucksache 7/918, S. 108 ff.

herstellen will. Wenn dann noch der Bundesrat in der Sache — nicht in der Formulierung — die Rückkehr zum sog. besonderen Gewaltverhältnis empfiehlt[8], das doch vom Bundesverfassungsgericht (BVerfG) durch Beschluß vom 14. 3. 1972 endgültig verabschiedet worden ist[9], dann ist man fast versucht, an der Dienst- und Vollzugsordnung (DVollzO) festzuhalten, die in manchen Teilen sicher besser ist als der Ruf, der ihr anhängt[10].

Doch wie dem immer sei: Die Übergangsregelungen des RE und seine Vorschriften über das Inkrafttreten (vgl. §§ 180 bis 183) — allerdings nicht nur sie allein — dokumentieren einmal mehr, daß auch in Sachen Vollzugsreform rationiert wird, daß viele kleine Schritte, die allmählich getan werden, an die Stelle des einst erhofften großen treten werden. Vielleicht wird dieses Bild gerade dem Bemühen um einen Großteil der Insassen unserer Vollzugsanstalten gerecht; und sehr wahrscheinlich entspricht schrittweises Vorgehen noch am ehesten einer Institution, deren Veränderung mit weitreichenden finanziellen und personellen Konsequenzen verbunden ist. Aber es läßt zugleich erkennen, wie sehr wir uns bescheiden müssen, wenn der RE in der vorliegenden oder gar in abgeschwächter Form Gesetz werden sollte. Das hat denn auch prompt die Feststellung provoziert, daß im RE auf Grund seiner Zurückhaltung und Übergangsregelungen „gegenüber der geltenden Regelung nicht viel Neues übrig" bleibe[11]. In der Tat verkörpert der RE nach den erheblichen Abstrichen, die am Reformprogramm vorgenommen worden

---

[8] Dazu näher unter VII.

[9] Abgedruckt z. B. in: NJW 1972, S. 811—814. Die Passagen hinsichtlich des sog. besonderen Gewaltverhältnisses haben weitgehend Zustimmung gefunden (vgl. etwa *Starck*, JZ 27, 1972, S. 360—362; *Müller-Dietz*, Verfassung und Strafvollzugsgesetz, NJW 25, 1972, S. 1161—1167; *Kempf*, Grundrechte im besonderen Gewaltverhältnis — BVerfG, NJW 1972, 811, JuS 12, 1972, S. 701—706; Karl *Peters*, Freiheit und Gebundenheit des Strafgefangenen, JR 1972, S. 489—493). Kritisch freilich zur Problematik der Rechtsquellen des Strafvollzuges *Quedenfeld*, Bundesverfassungsgericht und Strafvollzugsgesetzgebung, JZ 1972, S. 431—432.

[10] Dazu *Rotthaus*, Grenzen normativer Regelung im Strafvollzug — Zehn Jahre Dienst- und Vollzugsordnung, JVerwBl. 108 (1971), S. 241 bis 247. Zur DVollzO allgemein *Grunau*, Vollzug von Freiheitsentziehung Teil II. Erläuterungen zur Dienst- und Vollzugsordnung, 1972.

[11] *Grunau*, Der Torso. Bemerkungen zum Regierungsentwurf eines Strafvollzugsgesetzes, DRiZ 51 (1973), S. 195—197 (196). Kritisch zum RE — aus verschiedener Sicht — *Löw*, Individuelle und kollektive Schuld. Kritische Anmerkungen zum Entwurf eines Strafvollzugsgesetzes, ZRP 6 (1973), S. 91—95; *Jung*, Das Strafvollzugsrecht in der BRD, Recht und Gesell-

sind, allenfalls einen „Torso", der nach den Neuerungen in der Praxis nur noch schwer von einer — freilich realisierten — DVollzO zu unterscheiden sein dürfte. Es erfordert deshalb eine gewisse Kühnheit, einen Entwurf, dem die „Giftzähne" struktureller wie kostenträchtiger Neuerungen gezogen sind, noch einen Reformentwurf zu nennen — zumal gerade in diesen Neuerungen ein Schwerpunkt der Reform gesehen wird. Das scheint ebenso kühn wie die Erwartung, ein künftiger Bundestag und Bundesrat könnten sich trotz einer zunehmenden Verwaltung des Mangels dazu entschließen, die Vorschriften über Arbeit und berufliche Bildung des Gefangenen (vgl. §§ 37 bis 49 RE) und die Einbeziehung des Gefangenen in die Sozial- und Arbeitslosenversicherung (vgl. §§ 174 bis 177 RE) in Kraft zu setzen[12]. Freilich muß man — was die finanzielle Seite der Vollzugsreform betrifft — zugeben, daß diese in eine unglückliche Entwicklungsphase der öffentlichen Haushalte geraten ist. Aber tut sie das im Grunde nicht immer? Wäre denn das Finanzproblem so neu? Hat dieser Einwand nicht eine geschichtliche Tradition, die ihn allmählich anrüchig macht?[13] Solche Fragen drängen sich einem nicht nur im Hinblick auf das Schicksal früherer Reformvorstellungen auf. Sie erwachsen ebenso aus der latenten Tendenz, auch dort finanzielle Schwierigkeiten zu bemühen, wo es in Wahrheit vorrangig um organisatorische und personelle Probleme geht, die sich jedenfalls mit Geld am allerwenigsten lösen lassen. Denn es droht die Gefahr, daß solche

---

schaft 3 (1973), S. 102—105 (104); *Müller-Dietz* und *Jung*, The Reform of the Criminal Correction System in West Germany, Canadian Journal of Criminology and Corrections 15 (1973), S. 274—280 (279 f.). Zur Rechtfertigung des RE außer seiner Begründung (Drucksache 7/918, S. 38 ff.) namentlich Klaus *Meyer*, Der Regierungsentwurf eines Strafvollzugsgesetzes und seine Kritiker, und *Jahn*, Die Vollzugsreform als kriminalpolitische Aufgabe, in: Kriminologische Gegenwartsfragen, H. 11, 1974.
[12] Nach § 180 Abs. 2 RE sollen u. a. diese Abschnitte bzw. Vorschriften „durch ein besonderes Bundesgesetz" in Kraft gesetzt werden. Zu dieser reformpolitisch wie legislatorisch höchst dubiosen Regelung kritisch *Müller-Dietz*, Über das Inkrafttreten von Vorschriften, die nicht in Kraft treten, JZ 28 (1973), S. 564; Vorschläge zum Entwurf eines Strafvollzugsgesetzes, hrsg. von *Jung* und *Müller-Dietz*, 1973, S. 60 f.; *Schüler-Springorum*, Das Getriebe der Vollzugsreform, ZStW 85 (1973), S. 916—931 (929 f.).
[13] Vgl. z. B. *Müller-Dietz*, Strafvollzugsgesetzgebung und Strafvollzugsreform, 1970, S. 5; *Schüler-Springorum*, Was stimmt nicht mit dem Strafvollzug? 1970, S. 86 f. Die Kostenproblematik wird allenthalben berufen (z. B. *Böning*, a. a. O. [Anm. 5], S. 19 f.; *Grunau*, DRiZ 1973 [Anm. 11], S. 195 f.).

10

ökonomischen Gesichtspunkte selbst da zum Alibi für mangelnde Weiterentwicklung des Vollzuges geraten, wo Reformen unter den gegebenen Umständen nicht nur notwendig, sondern auch möglich wären.

Das gilt namentlich für denjenigen Bereich, der mit dem Behandlungsvollzug aufs engste verknüpft ist: der Stellung des Gefangenen und des im Vollzug Tätigen innerhalb der Organisation Vollzugsanstalt. Entscheidet doch der innere Aufbau der Anstalt wesentlich darüber, ob und inwieweit in ihr überhaupt Behandlung möglich ist und welchen Behandlungsformen sie Raum gibt[14]. So besteht ein breiter Konsens — vom KE und RE bis hin zum Alternativ-Entwurf eines Strafvollzugsgesetzes (AE) von 1973[15] — darüber, daß ein Behandlungsvollzug ein hohes Maß an Entfaltungs- und Kooperationsmöglichkeiten für den einzelnen und damit Durchlässigkeit und Beweglichkeit des Systems selbst voraussetzt[16]. Das Problem liegt nicht allein darin, wie man eine derart zu strukturierende Vollzugsanstalt normativ in den Griff bekommen kann; es liegt gewiß auch in der Schwierigkeit, ein solches Konzept in Praxis umzusetzen; und es besteht nicht zuletzt darin zu verhindern, daß notwendige Regeln zum Selbstzweck werden und die Handlungsmöglichkeiten für Personal und Insassen wieder auf ein Minimum herabsetzen. Die Erfahrungen lehren, daß Institutionen nun einmal dazu neigen, ihre innere Struktur vor Veränderungen zu bewahren. „Der Status quo hat immer die Vermutung der Legitimität und des allgemeinen Konsenses für sich"[17]. Insofern begegnen Neuerungen allemal Widerständen psychischer und emo-

---

[14] Dazu *Müller-Dietz*, Organisation des Vollzugs und Struktur der Vollzugsanstalt, in: Kriminologische Gegenwartsfragen, H. 11, 1974, S. 45—71 (m. w. Nachw.).
[15] Alternativ-Entwurf eines Strafvollzugsgesetzes, vorgelegt von einem Arbeitskreis deutscher und schweizerischer Strafrechtslehrer, bearb. von Baumann et al., 1973.
[16] Vgl. etwa *Quensel*, Zusammenarbeit zwischen Soziologie und Rechtswissenschaft bei einem Alternativ-Entwurf zu einem Strafvollzugsgesetz für die Bundesrepublik Deutschland, Schweizerische Ztschr. f. Strafrecht 89 (1973), S. 12—33 (26 ff.); AE [Anm. 15], S. 59 f. Zur grundsätzlichen Problematik von Organisationen als „offener, innovationsfähiger Systeme" z. B. *Bleek*, Innovationsprozesse in sozialpädagogischen Institutionen, Sozialpädagogik 15 (1973), S. 157—164; *Rössler*, Institutionelle und individuelle Bedingungen sozialpädagogischen Handelns im Erziehungsheim, Theorie und Praxis der sozialen Arbeit 24 (1973), S. 373—392.
[17] *Luhmann*, Funktionen und Folgen formaler Organisation, 2. Aufl., 1972, S. 250.

tionaler Art, die entsprechendes Handeln nach sich ziehen. Das ist gewiß legitim, soweit es um die Erhaltung der Funtionsfähigkeit selbst geht. Fragwürdig wird es aber, wenn die Regeln und Handlungsanweisungen oder deren praktische Anwendung und Handhabung, die den Bestand der Institution sichern sollen, Erstarrung des Systems hervorrufen, Immobilität und Unfähigkeit zur Weiterentwicklung produzieren.

Was an der Vollzugsanstalt alten Stils so sehr auf Kritik stieß: die Einengung von Kommunikation, die Reduzierung von Spontaneität, die Verkümmerung des Ichs durch zahlreiche normative Restriktionen und Reglementierungen des Tagesablaufs, soll im Behandlungsvollzug gerade überwunden werden. Das ist ja ein charakteristisches Merkmal des überkommenen Verwahrvollzuges, daß es ihm de facto primär auf störungsfreien Ablauf, auf reibungsloses Funktionieren ankam[18] und daß die Gefangenen vornehmlich unter dem Gesichtspunkt der Anpassung oder Nichtanpassung an das System — zusammengefaßt in den als zentral geltenden Kategorien der allgemeinen Führung und des Arbeitsverhaltens — beurteilt wurden. Auswirkungen waren namentlich die Verselbständigung und Maximierung von Ordnungsvorstellungen[19], die einerseits vielfach durch die Größenordnungen bestehender Vollzugseinheiten aufgezwungen wurden, andererseits aber eben auch häufig nicht konsequent durchzuhalten waren. Daran änderte auch nichts, daß man schon seit relativ langer Zeit — wenigstens teilweise — Erziehung oder Resozialisierung zum Zwecke der Rückfallverhütung anstrebte; denn entscheidend sind doch die normativ geduldete oder gar geförderte Organisationsstruktur und die faktische Zielsetzung, die sich gegen jede theoretische Interpretation des eigenen Handelns behauptet. Insoweit läßt sich nun einmal nicht bestreiten, daß das Problem des traditionellen Vollzuges das seiner grotesken Wirklichkeitsverzerrung, der Schaffung einer weitgehend künstlichen Situation war. Seine Reglementierungszwänge und Anpassungstendenzen sowie die hieraus resultierenden Verhaltensrituale mochten der Institution selbst gedient haben — den in ihr Befindlichen und Tätigen indessen nicht oder allenfalls

---

[18] Bis zu einem gewissen Grade ein Merkmal von Organisationen überhaupt (vgl. *Krysmanski*, Soziologie des Konflikts, 1971, S. 189).
[19] Z. B. *Müller-Dietz*, Wege (Anm. 5), S. 163; *ders.*, Das Verhalten der Vorschriften gegenüber Gefangenen, Vorgänge 12 (1973), H. 5, S. 10—12.

partiell[20]. Vielleicht hat man zu wenig darüber nachgedacht, weshalb eine phantastische oder symbolistische Literatur so oft das Muster des Gefängnislebens verwendet hat, um ihren Verfremdungseffekt hervorzurufen[21]. In der Tat ist ein solches Verfahren das sicherste Mittel, um die nur im gedanklichen Spiel oder in der Phantasie mögliche Situation als reale erscheinen zu lassen. Denn dann tritt als eigentliche Realität an die Stelle der Wirklichkeit deren Fiktion, das Als-ob, das außerhalb der Mauern durch den eingeübten und sich ständig wiederherstellenden Konsensus von Gewohnheiten, Gewöhnungen und Erfahrungen immer wieder dementiert wird. Die kreativen Momente des „normalen" Lebens, die es transzendieren, Inspirationen, Phantasien, Träume, verlieren in der Situation eines solchen Freiheitsentzuges ihren bloßen Entlastungscharakter, ihre Bedeutung als „Probehandeln"[22] und geraten zu Versatzstücken eines imaginären Daseins, das wider alle empirische Erfahrung sich als wirkliches ausgibt. Die innovatorischen Fähigkeiten verkümmern; der Rückzug in ein ohnehin sozial beschädigtes Ich nimmt leicht regressive Züge an. Das Zwanghafte eines derartigen Vollzuges — zwanghaft für Insassen wie für das Personal — macht deutlich, weshalb er sich so sehr gegen Möglichkeiten spontanen, unverzerrten Handelns, gegen Selbstentfaltung und therapeutische Behandlung, die diese Bezeichnung auch verdient, sperrt[23].

II.

Nun greifen solche Überlegungen lediglich einzelne, wenn auch signifikante Momente des traditionellen Vollzuges und seiner Weiterentwicklung zu einem Behandlungsvollzug heraus. Sie sagen aber gewiß noch nicht genügend über dessen inhaltliche

---

[20] Grundlegend *Goffman*, Asyle. Über die soziale Situation psychiatrischer Insassen und anderer Patienten, 1972.

[21] Z. B. Vladimir *Nabokov*, Einladung zur Enthauptung, 1973; Horst *Bienek*, Traumbuch eines Gefangenen, 1968; ders., Die Zelle, 1970; Paul *Goma*, Ostinato, 1973. Weitere Beispiele bei *Müller-Dietz*, Zum Bild des Strafvollzugs in der modernen Literatur, ZfStrVo 18 (1969), S. 31—45.

[22] Dieter *Wellershoff*, Literatur und Lustprinzip, 1973, S. 57, spricht von „Simulationsräume(n) für ein alternatives Probehandeln".

[23] Vgl. etwa *Hohmeier*, Die Strafanstalt und das Aufsichtspersonal: Dilemma einer Berufsrolle; Die soziale Situation des Strafgefangenen: Deprivation der Haft und ihre Folgen, MSchrKrim 52 (1969), S. 218 bis 224, 292—304.

Ausgestaltung selbst und die konkreten Maßstäbe aus, die der Beurteilung eines Behandlungskonzepts zugrunde zu legen wären. Denn sowohl die Kritik am überkommenen Vollzug als auch Aussagen zum künftigen setzen einen bestimmten theoretischen Ausgangspunkt, einen festen Maßstab voraus. Wer nach den Möglichkeiten und Schranken eines behandlungsorientierten Vollzuges fragt, muß sich zu allererst Klarheit über den Bezugsrahmen verschaffen, in den er seine Überlegungen einstellen will und kann. So ist einmal ein wissenschaftlicher Ansatz denkbar, der das Thema vom Standpunkt einer am Vollzug engagierten Forschungsrichtung oder Disziplin in den Griff zu nehmen sucht oder der sich um eine Integration verschiedenartiger fachlicher Gesichtspunkte bemüht[24]. Dabei wäre wiederum nach empirischen und normativen Fragestellungen zu differenzieren, wiewohl eine strenge Trennung schwerlich gelingen würde. Eine andere Möglichkeit besteht darin, die Situation an Hand vollzugspraktischer Überlegungen zu analysieren, die sich entweder an der Lage der Betroffenen, der Gefangenen, oder der im Vollzug Tätigen, der Beamten und der Vollzugsbehörden, orientieren könnten. Weiter könnte man noch an eine ganzheitliche Position, sei sie philosophisch-anthropologischer oder gesellschaftskritischer Natur, anknüpfen. Schließlich erscheint — was sich freilich mit den bereits skizzierten Gesichtspunkten überschneidet — eine Gegenüberstellung von „realistischer" und „utopischer" Betrachtungsweise denkbar. Derart unterschiedliche Ansätze müssen nicht notwendig zu verschiedenen Ergebnissen führen; es ist aber sehr wahrscheinlich, daß sie es tun. Das soll an einigen wenigen Beispielen erläutert werden, ehe die Diskussion vorliegender, namentlich in den Entwürfen zum Strafvollzugsgesetz (StVG) entwickelter, Behandlungskonzepte aufgenommen wird.

Wer das Thema des Behandlungsvollzuges wissenschaftlich abhandeln will, gerät zwangsläufig auf das Glatteis divergierender fachlicher Methoden und Positionen. Er muß sich entscheiden, ob er einen empirisch-soziologischen, einen sozialpsychologischen, einen sozialpsychiatrischen, einen individualpsychologischen, einen pädagogischen oder einen politologischen Ansatz wählen will; ja, er könnte sogar eine ökonomische Fra-

---

[24] Vgl. bereits meine einschlägigen Überlegungen zu einem Teilbereich des Vollzuges (Mitverantwortung) in: Wege (Anm. 5), S. 157 f.

14

gestellung zugrunde legen. All das ist bereits geschehen und geschieht immer noch. Die Richtigkeit einer solchen Entscheidung läßt sich natürlich vom Standpunkt der jeweiligen Disziplin aus nicht bezweifeln; denn *sie* ist es ja, die dem Wissenschaftler Fragestellung und Methode aufnötigt. Aber ebenso unzweifelhaft besteht über deren Wahl zwischen den Forschungsrichtungen, die auf dem Gebiet des Vollzuges miteinander konkurrieren, Streit. Es ist keine ganz neue Erkenntnis, daß soziologische und sozialpsychologische Ansätze die einstige Vorherrschaft der individualpsychologischen und psychiatrischen angetreten haben[25]; man mag darin den Ausdruck eines allgemeinen Trends in den Human- und Sozialwissenschaften finden[26].

Bei einer solchen Betrachtungsweise gerät vor allem die Institution Vollzugsanstalt ins Blickfeld, ihre Organisationsstruktur, die sozialen Rollen der in ihr Tätigen und Befindlichen[27].

---

[25] Vgl. z. B. *Müller-Dietz*, Strafvollzugsgesetzgebung und Strafvollzugsreform, 1970, S. 199 ff.; *Reinert*, Strafvollzug in einem offenen Gefängnis, 1972, S. 4 ff. Paradigmatisch die Beiträge zum Strafvollzug im „Kriminologischen Journal" (KrimJ).

[26] Vgl. *Müller-Dietz*, Sozialwissenschaften und Strafrechtsdogmatik, in: Strafrechtsdogmatik und Kriminalpolitik. Hrsg. von *Müller-Dietz*, 1971, S. 105—151 (105 ff.).

[27] Z. B. *Waldmann*, Zielkonflikte in einer Vollzugsanstalt, 1968; *Hoppensack*, Über die Strafanstalt und ihre Wirkung auf Einstellung und Verhalten von Gefangenen, 1969; *Gravenhorst*, Soziale Kontrolle abweichenden Verhaltens, 1970, S. 60 ff.; *Calliess*, Strafvollzug (Anm. 1); *Hohmeier*, Die Strafvollzugsanstalt als Organisation, in: Die Strafvollzugsreform (Anm. 5), S. 125—133; ders., Aufsicht und Resozialisierung, 1973; *Friedrichs/Rehm/Giegler/Schäfer/Wurm*, Resozialisierungsziele und Organisationsstruktur: Teilnehmende Beobachtung in einer Strafanstalt, KrimJ 3 (1971), S. 204 bis 228; *Vehlow*, Überlegungen zu den organisationsanalytischen Problemen bei der Untersuchung einer Hamburger Strafanstalt, Diss. jur. Hamburg 1972; Georg *Fischer*, Soziale Phänomene in einer Strafanstalt, Diss. jur. Hamburg 1973; *Lehner*, Prestige und Solidarität in der Haft, in: Der Prozeß der Kriminalisierung. Hrsg. von *Steinert*, 1973, S. 144—156. Die pönologische Forschung folgt damit einem allgemeinen Trend der Soziologie und der von dieser maßgeblich beeinflußten amerikanischen Kriminologie. Vgl. etwa Renate *Mayntz*, Soziologie der Organisation, 1963; *Mayntz/Ziegler*, Soziologie der Organisation, in: Handbuch der empirischen Sozialforschung, hrsg. von René *König*, II. Bd., 1969, S. 444—513; *Dreitzel*, Die gesellschaftlichen Leiden und das Leiden an der Gesellschaft, 1968, S. 212 ff., 335 ff.; ders., Die Einsamkeit als soziologisches Problem, 1970, S. 24 ff.; *Luhmann*, Funktionen (Anm. 17); *Silverman*, Theorie der Organisationen, 1972. Vgl. ferner die einschlägigen kriminologischen Studien von *Clemmer*, The Prison Community, 1958 (1940); *Sykes*, The Society of Captives, 1958; *Cloward, Cressey, Gresser, McCleery, Ohlin, Sykes, Messinger*, Theoretical Studies in Social Organization of the Prison, 1960; *Mathiesen*, The Defences of the Weak, 1965; *Street, Vinter, Perrow,*

15

Stichworte für die Charakterisierung der traditionellen Vollzugsanstalt in diesem Sinne liefern etwa deren Beschreibung als „totale Institution"[28], oder die Kennzeichnung der Insassengemeinschaft als „Subkultur des Gefängnisses"[29]. Elemente dieser Art spiegelt die eingangs vorgeführte Kritik an der inneren Verfassung der Vollzugsanstalt wieder. Sozialpsychiatrische Gesichtspunkte kommen ins Spiel, wenn von der Schaffung eines „therapeutischen" Klimas oder einer „problemlösenden Gemeinschaft" die Rede ist[30]. Sie zielen einmal auf das „Vorfeld" der Behandlung, die äußeren Bedingungen, unter denen sie stattfindet, und zum zweiten auf Art und Anwendung der Behandlungsmethoden selbst, deren Gemeinsamkeiten und Verschiedenheiten vor allem, wenn auch keineswegs allein, durch die Modellversuche der sozialtherapeutischen Anstalten oder Abteilungen veranschaulicht werden[31]. Allemal haben jene therapeutischen

Organization for Treatment, 1966; *Wellford*, Contact and Commitment in a Correctional Community, British Journal of Criminology 13 (1973), S. 108—120 (m. w. Nachw.). Zusammenfassend *Wiswede*, Soziologie abweichenden Verhaltens, 1973, S. 169 ff. Aus anderen Rechtsbereichen vgl. z. B. Thomas *Raiser*, Das Arbeitsverhältnis aus der Sicht der Organisationssoziologie, ZRP 6 (1973), S. 13—19 (14 ff.).
[28] So vor allem *Goffman*, Asyle (Anm. 20), S. 13 ff.
[29] *Harbordt*, Die Subkultur des Gefängnisses, 2. Aufl., 1972.
[30] So explizit AE (Anm. 15), S. 59, 139. Zur „therapeutischen Gemeinschaft" etwa *Jones*, Social Psychiatry in Practice. The Idea of the Therapeutic Community, 1968; *Ploeger*, Die therapeutische Gemeinschaft in der Psychotherapie und Sozialpsychiatrie, 1972; *Wulff*, Über den Aufbau einer therapeutischen Gemeinschaft, in: *Wulff*, Psychiatrie und Klassengesellschaft, 1972, S. 214—226; Gruppenarbeit in der Psychiatrie. Erfahrungen mit der therapeutischen Gemeinschaft, 1973; *Sager*, Die Ausbildung von Klinikpersonal für eine therapeutische Gemeinschaft, in: Handbuch der Ehe-, Familien- und Gruppentherapie, hrsg. von *Sager* und *Kaplan*, Bd. 3, 1973, S. 995—1018; *Gray*, The therapeutic community and evaluation of results, International Journal of Criminology and Penology 1 (1973), S. 327—334.
[31] Dazu namentlich G. und R. *Mauch*, Sozialtherapie und die sozialtherapeutische Anstalt, 1971; Helga *Einsele*, Die sozialtherapeutische Anstalt, in: Die Strafvollzugsreform (Anm. 5), S. 145— 158; *Stürup*, Einige wesentliche Elemente für Einrichtung und Betrieb einer sozial-therapeutischen Anstalt, in: Festschr. f. Heinitz, 1972, S. 533—544; *Rasch, Goudsmit* und *Moser*, in: Individuum und Gesellschaft, 1973, S. 28—44, 45—62, 63—77; Sozialtherapie und Sozialtherapeutische Anstalt. Hrsg. vom Bundeszusammenschluß für Straffälligenhilfe, 1973; *Rasch, Sagebiel, Eisenberg*, KrimJ 5 (1973), S. 3—15, 16—30, 48—50; Günter *Schmitt*, Theorie und Praxis der Sozialtherapie im Strafvollzug, insbes. der Verhaltenstherapie, in: Kriminaltherapie heute. Hrsg. von *Müller-Dietz*, 1974, S. 1—18; *Gschwind*, Die sozialtherapeutische Anstalt, in: Kriminol. Gegenwartsfragen, 11. H., 1974. Vgl. auch *Kürzinger*, Sozialtherapie im ausländischen Strafvollzug, ZStW 85 (1973), S. 235—241. Zur Sozialtherapie auch — in freilich recht kritischem

Erwägungen mit mehr oder weniger konkreten Vorstellungen von den sozialen oder Persönlichkeitsdefiziten zu tun, die es durch Behandlung auszugleichen und aufzuarbeiten gilt. Wenn gegenwärtig Verhaltenstherapie und analytische Psychotherapie betrieben werden — um nur zwei besonders akzentuierte und inhaltlich faßbare Behandlungsmethoden herauszugreifen —, dann liegen dem doch ganz bestimmte Vorstellungen von der Entstehung sozialen und damit auch dissozialen, kriminellen Verhaltens zugrunde, die man freilich ihrerseits wieder problematisieren kann. Das läßt etwa der zweite Bericht des Senats über die Situation im Berliner Strafvollzug erkennen, wenn er bei der Beschreibung der Sozialtherapie und Begründung der angewandten Methoden auf lerntheoretische Ansätz rekurriert. Ist — um im Beispiel zu bleiben — jedes soziale Verhalten erlerntes Verhalten, dann eben auch abweichendes oder kriminelles. Wenigstens im Prinzip müßte daher kriminelles Verhalten durch neues Lernen sozial positiv verändert werden können. Davon geht denn auch der erwähnte Bericht aus[32]. Wollte man derartige Konsequenzen für falsch halten, müßte man die Richtigkeit ihrer empirischen Prämissen in Zweifel ziehen (können). Dann wäre eine andere Theorie, sei sie tiefenpsychologischer, biologischer oder genetischer Abkunft, zugrunde zu legen. Man muß also die Behandlungsmethoden in Abhängigkeit von den Kriminalitätskonzepten sehen, die sie fundieren.

Andererseits scheinen die gegenwärtig praktizierten Behandlungsmethoden jedenfalls hinsichtlich ihrer Anwendung nicht so weit voneinader entfernt zu sein, wie es theoretischer Purismus vielfach wahrhaben möchte. Einmal leugnet niemand restlos die Relevanz psychoanalytischer Kategorien — nur in der Gewichtung der Faktoren besteht Dissens[33]. Zum zweiten haben sich lerntheoretische Ansätze weitgehend durchgesetzt[34]. Schließlich handhabt man die jeweiligen Behandlungsmethoden in der

---

Sinne — *Heinz/Korn,* Sozialtherapie als Alibi? 1973, S .85 ff. (grundsätzlich), S. 133 ff. (zur gegenwärtigen Praxis).

[32] Vgl. Drucksache 6/759 des Abgeordnetenhauses von Berlin, S. 35.

[33] Vgl. z. B. *Schmitt* und *Engell,* in: Sozialtherapie (Anm. 31), S. 36 ff. Grundsätzlich dazu Psychoanalyse und Verhaltenstherapie. Hrsg. von C. H. *Bachmann,* 1972. Petra *Halder,* Verhaltenstherapie, 1973, S. 10, sagt denn auch, „die Ablehnung psychoanalytischer Konzepte" durch die Verhaltenstherapie beziehe sich „nicht auf die Leugnung deren inhaltlicher Faktizität".

[34] Z. B. AE (Anm. 15), S. 139 ff.; Drucks. 6/759 (Anm. 32), S. 35 ff.

gegenwärtigen Phase des Experimentierens und der Erprobung doch wohl unspezifischer, als es die auf Methodenreinheit bedachte wissenschaftliche Diskussion für richtig hält. Davon legt nicht zuletzt die jetzige Tätigkeit der Psychologen, die hinsichtlich der Definition der eigenen sozialen Rolle in der Vollzugsanstalt und der Wahrnehmung therapeutischer Aufgaben manche Unsicherheit verrät, Zeugnis ab; freilich sind hieran auch — teilweise — mangelnde Vorbereitung auf diesen Beruf und eben die eingangs angedeuteten Rahmenbedingungen des heutigen Vollzuges beteiligt[35].

Nun geben gerade jene Überlappungen und Überschneidungen Anlaß zu der Frage, ob die strenge Unterscheidung verschiedener theoretischer Ansätze hinsichtlich des Vollzuges überhaupt wirklichkeitsgerecht ist. Man kann daran zweifeln. Denn einmal genügen die vorliegenden soziologischen, sozialpsychologischen und fachlich vergleichbaren Studien allenfalls annäherungsweise den Anforderungen empirischer Forschung[36]. Sie bleiben vielfach nicht auf disziplinimmanente Fragestellungen beschränkt; so weisen sie immer wieder therapeutische, pädagogische oder rechtspolitische Erwägungen zur Gestaltung des Vollzuges auf. Dementsprechend ist für sie — mindestens teilweise — ein „spekulativer Überschuß" kennzeichnend, der im strengen Sinne empirischer Forschung fremd sein müßte. Anders mag es lediglich um jene Untersuchungen bestellt sein, die sich, wie etwa psychologische Tests, im Rahmen ihres methodischen Ansatzes halten[37], oder wie etwa empirisch-soziologische Studien auf der Grundlage der analytischen Wissenschaftstheorie zustande kommen.

Gerade letztere Fragestellung beansprucht zunehmend Vorrang in der Vollzugsdiskussion. Danach setzt eine wissenschaftlich abgesicherte Vollzugsreform dreierlei voraus: eine präzise Formulierung der Vollzugsziele, die gegenwärtig vertreten werden oder vertreten werden könnten, eine rationale Auseinandersetzung mit den Argumenten, die für und gegen die einzelnen Vollzugsziele sprechen, und eine empirische Überprüfung der

---

[35] Vgl. im einzelnen Georg *Wagner*, Psychologie im Strafvollzug, 1972.
[36] Allgemein kritisch zur Methodik heutiger kriminologischer Untersuchungen H. J. *Schneider*, Die gegenwärtige Lage (Anm. 4), S. 573 ff.
[37] In etwa *Klüsche*, Persönlichkeitsmerkmale bei erwachsenen Strafgefangenen, Diss. phil. Mannheim 1972.

Bedingungen, die erfüllt sein müssen, um das gewählte Vollzugsziel erreichen zu können[38]. Es liegt auf der Hand, daß in ein solches Verfahren, das bis zu einem gewissen Grade auf allgemeinen Plausibilitätserwägungen beruht, zwar gleichfalls spekulative Momente eingehen (können), daß es aber vom empirisch-soziologischen Standpunkt aus ein Optimum an Rationalität gewährleistet. Ebenso klar dürfte aber auch sein, daß ein derartiges Vorgehen einem zeitlich und finanziell aufwendigen Forschungsprojekt gleichkäme, dessen Durchführung die Vollzugsreform auf unabsehbare Zeit vertagen würde. Die Annahme, daß hierfür jene drei Jahre ausgereicht hätten, die der Strafvollzugskommission praktisch zur Verfügung gestanden haben[39], dürfte auf mehr als naiven Vorstellungen von der Schwierigkeit der Aufgabe und der Komplexität des Untersuchungsgegenstandes beruhen. Das ändert natürlich nichts daran, daß man über die Art und Weise, in der die Strafvollzugskommission ihre Zeit genutzt hat, durchaus verschiedener Meinung sein kann.

Als weiteres Beispiel für einen denkbaren sozialwissenschaftlichen Ansatz mag eine ökonomische Analyse des Vollzuges — etwa auf der Grundlage einer Kosten-Nutzen-Rechnung (cost-benefit) — fungieren. Erse Untersuchungen in dieser Richtung sind denn auch bereits zu verzeichnen[40]. Sie können schon deshalb besondere Aufmerksamkeit beanspruchen, weil nun einmal der Kostenfaktor im Rahmen einer Vollzugsreform erheblich zu Buch schlägt und weil das Kostenargument einen Gutteil der Reformdiskussion absorbiert. Freilich sind diese Erörterungen, namentlich in den Vollzugs- und Finanzverwaltungen, meist geprägt von Prognosen hinsichtlich der Mehraufwendungen, die den Ländern bei Verwirklichung eines bestimmten Vollzugskonzepts entstehen würden[41]; und selbst das geschieht dann nicht in vollem Umfange, wenn etwa darauf

---

[38] Vgl. *Opp*, Verhaltenstheoretische Soziologie, 1972, S. 142—161; *dens.*, Zur Erreichbarkeit des Resozialisierungsziels im Strafvollzug, MSchrKrim 55 (1972), S. 157—169; *dens.*, Soziologie im Recht, 1973, S. 132—159.
[39] So *Opp*, Soziologie (Anm. 38), S. 159.
[40] Vgl. *Neu*, Ökonomische Probleme des Strafvollzuges in der Bundesrepublik Deutschland, 1971; *ders.*, Strafvollzug — ökonomisch betrachtet, ZfStrVo 20 (1971/72), S. 342—356; *Richmond*, Measuring the cost of correctional services, Crime and Delinquency 18 (1972), S. 243—252; *Grohmann*, Strafverfolgung und Strafvollzug, 1973, S. 175 ff.
[41] Charakteristisch hierfür Drucksache 7/918, S. 42 f.

verzichtet wird, denkbare Einsparungen durch einen Behandlungsvollzug in Rechnung zu stellen. Denn zumindest wäre auch
im Rahmen einer solchen Betrachtungsweise, die nur einen Aus-
schnitt aus der Gesamtheit ökonomisch relevanter Daten reflektiert, zu prüfen, ob und inwieweit manche zusätzlichen Kosten
überhaupt echte Mehraufwendungen sind, ob sie nicht der Sache
nach bloße Kostenverlagerungen innerhalb des Staatshaushal-
tes bedeuten; so könnte beispielsweise die Zahlung eines Arbeitsentgelts an den Gefangenen in begrenztem Umfange möglicherweise die Sozialhilfe entlasten, wenn und soweit der Gefangene
dadurch in die Lage versetzt würde, selbst Unterhaltsleistun-
gen zu erbringen. Das bedarf bei einer derartigen Kostenrech-
nung ebenso der Klärung wie die Frage, ob und inwieweit sich
eine Modernisierung des Arbeitsbetriebswesens oder eine Erhöhung des Anteils offener Anstalten auf der Habenseite auswirken würde. Indessen läge auch in einem solchen Vorgehen
noch keine ökonomische Gesamtanalyse, die sämtliche wirtschaftlich bedeutsamen Faktoren auf dem Gebiet der „Inneren
Sicherheit" einbezieht. Erst auf dieser umfassenden Grundlage
wäre es möglich, eine volkswirtschaftliche Gesamtrechnung der
Kosten von Straftaten und der Verbrechensbekämpfung zu er-
stellen und damit auch das Verhältnis von Aufwand und Erfolg im gegenwärtigen Vollzugssystem zu bestimmen[42]. Der
nächste Schritt müßte dann darin bestehen, die Kosten alter-
nativer Strategien der Verbrechensbekämpfung zu ermitteln
und in Beziehung zu ihrem mutmaßlichen ökonomischen
Nutzen zu setzen. Das würde naturgemäß auch Prognosen hinsichtlich der ökonomischen Effizienz eines Behandlungsvollzuges
einschließen und zur Beantwortung der Frage beitragen, ob ein
derartiger Vollzug — wie vor allem der AE behauptet — langfristig Einsparungen auf Grund „einer Senkung der Rückfallziffern" zur Folge hätte[43]. Ob die hierfür erforderlichen Daten
bereits verfügbar sind, erscheint freilich zweifelhaft. Das methodische Instrumentarium ist jedoch schon erkennbar[44].
Eine solche ökonomische Gesamtanalyse wäre im Grunde nur

[42] Z. B. *Hann*, Crime and the Cost of Crime: An Economic Approach,
Journal of Research in Crime and Delinquency 9 (1972), S. 12—30;
Sullivan, Considération économiques sur la politique criminelle, Revue de
Droit Pénal et de Criminologie 53 (1972), S. 43—53.
[43] AE (Anm. 15), S. 3.
[44] Vgl. etwa *Grohmann*, Strafverfolgung (Anm. 40), S. 59 f., 206 ff.

vollständig, wenn sie auch Alternativstrategien im Bereich der öffentlichen Haushalte einkalkulieren würde. Das zielt namentlich auf die Frage, ob und inwieweit bestehende Finanzierungsmöglichkeiten tatsächlich ausgeschöpft sind. Zu denken ist deshalb weniger an eine Erhöhung des Anteils der Länder am Steueraufkommen des Bundes, obwohl der Bundesrat hiervon trotz der erheblichen Abstriche am „Reformpaket" seine Zustimmung zum RE abhängig machen will[45]; denn man darf füglich bezweifeln, ob gerade der Strafvollzug — angesichts seiner enormen psychologischen Vorbelastung — ein taugliches Experimentierfeld für derartige föderalistische Finanzpolitik abgibt. Näher läge es, finanzielle Überlegungen anzustellen, die sich aus einer Aufnahme des Vollzuges in den Katalog der Gemeinschaftsaufgaben von Bund und Ländern (Art. 91 a GG) ergeben würden. Eine derartige Regelung würde es ermöglichen, den Bund nach Schweizer Vorbild an den Kosten des Vollzuges zu beteiligen und damit die Schwierigkeiten im Kostensektor abzubauen. Freilich würde das eine Verfassungsänderung voraussetzen, die allemal (auch) eine Frage der (rechts-)politischen Entscheidung ist[46]. Hierzu könnte eine ökonomische Gesamtanalyse nur begrenzt, etwa durch Aufweis dafür sprechender Kostengesichtspunkte, beitragen.

III.

Diesen mehr oder weniger empirischen Ansätzen, die dem sozial- und humanwissenschaftlichen Bereich entstammen, lassen sich normative und rechtspolitische Fragestellungen konfrontieren. Hier geht es um eine Analyse des gegenwärtigen Rechtszustandes an Hand der Verfassung und seine Weiterentwicklung im Hinblick auf allgemein akzeptierte Reformziele. Schwerpunkte bilden insoweit die Rechtsstellung des Gefangenen und die Aufgaben des Vollzuges[47]. Freilich spielen auch hier, wie

---

[45] Vgl. Drucksache 7/918, S. 108.

[46] Vgl. *Müller-Dietz*, Mit welchem Hauptinhalt empfiehlt es sich, ein Strafvollzugsgesetz zu erlassen? (Gutachten C zum 48. DJT) 1970, S. C 14, 26 ff., 132. Eher skeptisch *Schüler-Springorum*, Was stimmt nicht usw. (Anm. 13), S. 83; *ders.*, ZStW 1973, S. 921 (Anm. 12).

[47] Hierzu vor allem *Schüler-Springorum*, Strafvollzug (Anm. 1) passim; *Würtenberger*, Kriminalpolitik im sozialen Rechtsstaat, 1970, S. 197 ff., 216 ff.; *ders.*, Akzente des künftigen Strafvollzugsgesetzes, JZ 25 (1970), S. 452—456; *Müller-Dietz*, Strafvollzugsgesetzgebung (Anm. 13), S. 72 ff., 109 ff.; *ders.*, Gutachten (Anm. 46), S. C 18 ff., 40 ff.; *Aebersold*, Der Zweck des Strafvollzugs und die Rechtsstellung des Gefangenen, in: Fest-

gerade die Auseinandersetzung mit den Entwürfen zeigen wird, Behandlungsprobleme eine gewichtige Rolle; denn sie wirken sich vor allem auf die innere Verfassung der Vollzugsanstalt aus[48]. Die Diskussion der Rechtsfragen hat zunächst anzuknüpfen an die beiden Judikate des BVerfG, die in verbindlicher Weise die rechts- und sozialstaatlichen Leitlinien des heutigen und künftigen Vollzuges vorgezeichnet haben. Damit ist — unabhängig davon, welche konkrete Gestalt das StVG im Endergebnis haben wird — über die Rechtsstellung des Gefangenen und die Zielsetzung des Vollzuges verfassungskräftig entschieden. In seinem Beschluß vom 14. 3. 1972 hat das BVerfG die rechtsstaatliche Notwendigkeit einer gesetzlichen Regelung des Vollzuges bekräftigt. Es hat sich die in der Literatur, nicht dagegen in der Rechtsprechung, vorherrschend gewordene Rechtsüberzeugung zu eigen gemacht, daß auch die Grundrechte von Strafgefangenen nur durch Gesetz oder auf Grund eines Gesetzes eingeschränkt werden dürfen; und es hat damit gleichzeitig der traditionsreichen Lehre vom sog. besonderen Gewaltverhältnis eine endgültige Absage erteilt[49]. Die Ansicht, der Vollzug sei hinreichend, demnach auch vor dem GG genügend geregelt, ist nunmehr auf ihren historischen Ursprung zurückgeführt, die These, daß der Inhalt der Freiheitsstrafe sich aus den „anerkannten Zwecken" des Vollzuges ergebe, nicht mehr haltbar.

Diesen rechtsstaatlichen Überlegungen hat das BVerfG im sog. Lebach-Urteil vom 4. 6. 1973 sozialstaatliche hinzugefügt, die vor allem der Zielsetzung des künftigen Vollzuges gelten. Wiederum mit einer zumindest in der Vollzugstheorie vorherrschend gewordenen Auffassung[50] ist das BVerfG bei der Be-

---

schrift der Basler Juristischen Fakultät zum Schweizerischen Juristentag, 1973, S. 169—188; *Müller-Dietz*, Strafzwecke und Vollzugsziel, 1973 (m. w. Nachw.). Vgl. ferner Anm. 9.
[48] Vgl. *Müller-Dietz*, Organisation (Anm. 14), passim.
[49] BVerfG NJW 1972, 811: „Auch die Grundrechte von Strafgefangenen können nur durch Gesetz oder aufgrund eines Gesetzes eingeschränkt werden."
[50] Nachw. im einzelnen bei *Müller-Dietz*, Strafzwecke (Anm. 47), S. 5, 60. „Resozialisierung ist gegenwärtig in der Bundesrepublik der Zentralbegriff des Strafvollzugs" (H. J. *Schneider*, Kriminologie [Anm. 4], S. 166). Kritisch neuerdings aber *Löw*, ZRP 1973, S. 92 ff. (Anm. 11); *Klussmann*, Der Straf- und Strafvollzugszweck, MDR 27 (1973), S. 894—897; *Heimeshoff*, Vollzug von Freiheitsentzug, DRiZ 51 (1973), S. 274—276 (275 f.).

stimmung der Vollzugsaufgaben vom Resozialisierungs- oder Sozialisationsziel ausgegangen: „Dem Gefangenen sollen Fähigkeit und Willen zu verantwortlicher Lebensführung vermittelt werden, er soll es lernen, sich unter den Bedingungen einer freien Gesellschaft ohne Rechtsbruch zu behaupten, ihre Chancen wahrzunehmen und ihre Risiken zu bestehen." Hiernach habe der Vollzug die Grundlage für die (Re-)Sozialisierung des Straffälligen zu schaffen, die Gesellschaft hingegen ihren so notwendigen Beitrag zur (Wieder-)Eingliederung nach der Entlassung zu leisten. Das BVerfG hat sich auch insoweit auf den Boden allgemeiner Einsichten gestellt, die inzwischen längst in die publizistische und populärwissenschaftliche Darstellung der Reformthematik eingegangen sind: „Nicht nur der Straffällige muß auf die Rückkehr in die freie menschliche Gesellschaft vorbereitet werden; diese muß ihrerseits bereit sein, ihn wieder aufzunehmen[51]". Bewegt sich das BVerfG insoweit noch im Umkreis vertrauter Vorstellungen, so wagt es sich bei der verfassungsrechtlichen Ableitung des (Re-)Sozialisierungsziels aus dem Sozialstaatsprinzip auf ein Terrain vor, das bisher im wesentlichen nur von Verfassungsrechtlern und Vollzugstheoretikern betreten wurde[52]. Zwar hat das BVerfG den (Re-)Sozialisierungszweck nicht als verfassungsrechtlich einzig mögliche und zulässige Vollzugsaufgabe definiert. Es hat jedoch die innere Übereinstimmung dieses Vollzugsziels mit einigen zentralen Aussagen des GG herausgestellt. Dazu rechnen einmal die Respektierung der Menschenwürde (Art. 1 Abs. 1) in Verbindung mit dem Grundrecht auf freie Entfaltung der Persönlichkeit (Art. 2 Abs. 1) und das in den Artikeln 20 Abs. 1 und 28 Abs. 1 verankerte Sozialstaatsprinzip[53].

Ist es relativ lange Zeit — keineswegs erst seit *Freuden-*

---

[51] BVerfG, NJW 1973, S. 1226—1234 (1231 f.).

[52] Vgl. *Würtenberger*, Kriminalpolitik (Anm. 47), S. 222 ff.; *dens.*, Strafvollzug im sozialen Rechtsstaat, in: Die Strafvollzugsreform (Anm. 5), S. 11—19; *Schüler-Springorum*, Strafvollzug (Anm. 1), S. 260 ff.; *Müller-Dietz*, Strafvollzugsgesetzgebung (Anm. 13), S. 93 ff.; *dens.*, Strafzwecke (Anm. 47), S. 15 ff. Vgl. auch *Roxin* Kriminalpolitik und Strafrechtssystem, 2. Aufl., 1973, S. 10 f.

[53] BVerfG, NJW 1973, S. 1231 P. Dazu *Müller-Dietz*, Strafzumessung und Behandlungsziel, MDR (1974), S. 1—7 (5 f.). Vgl. ferner *Häberle*, Grundrechte im Leistungsstaat (VVDStRL H. 30), 1972, S. 43—141 (S. 96 Anm. 225): „Im Strafvollzug fordert das Sozialstaatsprinzip die Resozialisierung!"

thal, sicher aber seit diesem besonders[54] — um die *rechtsstaatliche* Bestimmung des Verhältnisses zwischen Staat und Gefan-
genem gegangen, so macht sich nunmehr die *sozialstaatliche*
Bedeutung jener Beziehung bei der inhaltlichen Ausfüllung und
Konkretisierung des Begriffs „Freiheitsstrafe" geltend. Es
scheint dabei zu den typischen Verspätungen der Vollzugsszene
zu gehören — sowohl was Rechtslage als auch was Diskussion
anlangt —, daß noch vor kurzem das BVerfG bemüht werden
mußte und daß auch die Begründung zum RE sich veranlaßt
sah, eigens auf die rechtsstaatliche Notwendigkeit einer gesetzlichen Regelung hinzuweisen[55]. Das alles mag einem — und
nicht nur dem juristischen Laien — angesichts drängender
Probleme der Vollzugspraxis, die Vollzugsbeamte wie Insassen
bewegen, ein wenig historisch, um nicht zu sagen antiquiert vor-
kommen, nachdem sich auf anderen Feldern staatlicher Betäti-
gung die Gewichte längst vom Thema „Eingriffsverwaltung" zu
dem der „Leistungsverwaltung" verschoben haben. Indessen
wird man sagen müssen, daß eine Diskussion über Begrenzung
und Eingrenzung staatlicher Tätigkeit auf dem Gebiet des Strafvollzuges allemal „auf der Höhe ihrer Zeit" ist. Denn die Gewalt des Verhältnisses, in dem sich der Gefangene gegenüber
dem Staat befindet, ist allen Liberalisierungstendenzen zum
Trotz nun einmal von einer Art, die nach gesetzlichen Schranken verlangt. Wenn es in Nr. 69 Abs. 1 Satz 1 DVollzO heißt,
daß der Gefangene der Anstaltsgewalt „unterliegt", so doku-
mentiert diese Vorschrift wohl mehr als die Verbindlichkeit von
Regeln, ohne die keine menschliche Institution lebensfähig ist;
vielmehr kommt durch solchen Sprachgebrauch — freilich unbe-
absichtigt — zum Vorschein, wer letztlich am längeren Hebel
sitzt[56]. Insofern sind rechtsstaatliche Überlegungen im Vollzug
immer „zeitgemäß".

Das ändert indessen nichts daran, daß auf dem Gebiet des
Vollzuges mindestens ebenso gewichtige Gründe für das Bemühen des BVerfG existieren, behördliche Tätigkeit sozialstaat-

---

[54] Vgl. *Müller-Dietz,* Strafvollzugskunde als Lehrfach und wissenschaftliche Disziplin, 1969, S. 16.
[55] „Der Entwurf geht davon aus, daß es heutigem rechtsstaatlichem
Verständnis nicht entspricht, den Strafvollzug weiterhin im wesentlichen der
Regelung im Verwaltungswege zu überlassen" (Drucksache 7/918, S. 40).
[56] Vgl. *Müller-Dietz,* Das Verhalten etc. (Anm. 19), S. 10 ff.

lich abzusichern und zu legitimieren. Der Rechtsstaatsgedanke gibt für eine inhaltliche Bestimmung und Festlegung der Vollzugsaufgaben nicht allzu viel her[57]. Die selbstverständliche Forderung, den Gefangenen gerecht und menschlich zu behandeln, besagt noch nichts darüber, worin sich hic et nunc, angesichts der heutigen Rechtslage und unter den gegenwärtigen Bedingungen des Vollzuges, Gerechtigkeit und Menschlichkeit äußern. Es ist keine Frage, daß Rechtsstaatlichkeit im Vollzug unter diesen Umständen lediglich äußerste Grenzüberschreitungen markieren und zurückweisen, die inhaltliche Ausgestaltung des Vollzugssystems jedoch anderen Verfassungsgrundsätzen überlassen muß. Zu ihnen gehört aber — jedenfalls nach Aussage des BVerfG — das Sozialstaatsprinzip, wenn und soweit eben seine konkrete Verwirklichung die Verfolgung des (Re-)Sozialisierungsziels bedeutet. Das sucht das BVerfG von einem doppelten Ausgangspunkt aus, nämlich aus der Sicht des Straffälligen und aus der Sicht der Gesellschaft, näher zu begründen; insofern schließt das Sozialstaatsprinzip einen individuellen und einen sozialen Ansatz zusammen. „Von der Gemeinschaft aus betrachtet verlangt das Sozialstaatsprinzip staatliche Vor- und Fürsorge für Gruppen der Gesellschaft, die auf Grund persönlicher Schwäche oder Schuld, Unfähigkeit oder gesellschaftlicher Benachteiligung in ihrer persönlichen und sozialen Entfaltung behindert sind; dazu gehören auch die Gefangenen und Entlassenen."[58] Hiernach ist ein sozialer Staat schon aus humanitären Gründen gehalten, denen zu helfen, die der Hilfe bedürfen. Das Korrelat zu dieser Verpflichtung des Staats bildet der Anspruch des einzelnen auf solche Hilfe. Das deckt sich im Verständnis des BVerfG nur teilweise mit der Forderung nach humaner Ausgestaltung des Vollzuges; diese kann auch anstreben, wer Einstellungs- und Verhaltensänderungen (beim rückfallgefährdeten oder — gefährlichen Straftäter) gar nicht herbeiführen, sondern lediglich menschliche Lebensbedingungen in der Vollzugsanstalt schaffen will. Indessen legt der Standpunkt des BVerfG eine weitergehende Interpretation des Art. 1 GG und

---

[57] Das Rechtsstaatsprinzip legt eher Grenzen denn Inhalt einer Zielsetzung des Vollzuges fest (vgl. *Müller-Dietz*, Strafzwecke [Anm. 47], S. 7 ff.; *Rupprecht*, Grundrechtseingriffe im Vollzug, NJW 25 [1972], S. 1345—1348 [1346]).
[58] BVerfG NJW 1973, S. 1232.

des Sozialstaatsprinzips nahe, weil es hiernach nicht allein um die gegenwärtigen, sondern auch um die künftigen Lebensbedingungen des Straffälligen geht. Das berührt sich zugleich mit dem kriminalpolitischen Gesichtspunkt der Rückfallverhütung, den das BVerfG ebenfalls auf das Sozialstaatsprinzip zurückführt. Kriminalpolitik — die nach der Lesart Franz *von Liszts* die äußerste Form von Sozialpolitik darstellt[59] — heißt danach denen (Re-)Sozialisierungshilfe gewähren, die sonst möglicherweise erneut Rechtsgüter des einzelnen oder der Allgemeinheit gefährden. Kann sichere oder sichernde Verwahrung Schutz der Allgemeinheit nur für die Dauer des Freiheitsentzuges gewährleisten, so bedarf jeder weitergehende Schutz der Gesellschaft eines Vollzuges, der nach Kräften einem möglichen oder wahrscheinlichen Rückfall vorbeugt. Das ist übrigens die gemeinsame Grundlage aller Bemühungen, die in der geschichtlichen Abfolge von Besserung, Erziehung und Resozialisierung spezial- oder individual-präventiver Einwirkung auf den Gefangenen galten[60]. Insofern trifft jeder kriminalpolitische Auftrag des Vollzuges mit Erwartungen der Allgemeinheit zusammen, die schlechthin auf Schutz vor (weiterer) Kriminalität gerichtet sind. Er ist jedoch — im Sinne des BVerfG — nichts anderes als die Kehrseite des eigenen wohlverstandenen Interesses des Straftäters, nicht mehr straffällig zu werden. So begegnen sich denn auch danach „die für die soziale Existenz des Täters lebenswichtige Chance, sich in die freie Gesellschaft wieder einzugliedern, und das Interesse der Gemeinschaft an seiner Resozialisierung"[61]. Mit dieser Feststellung ist das BVerfG gleichzeitig dem immer wieder vorkommenden Mißverständnis

---

[59] Vgl. etwa F. *von Liszt*, Strafrechtliche Vorträge und Aufsätze, 2. Bd., 1905, S. 246.

[60] Bei holzschnittartiger Betrachtung läßt sich sagen, daß zumindest in programmatischer Hinsicht für das 19. Jahrhundert der Besserungsgedanke konstitutiv war, für die Weimarer Zeit der Erziehungsgedanke, während die Diskussion in den 50er und 60er Jahren von der Resozialisierungsidee geprägt wurde (vgl. die Nachweise bei *Müller-Dietz*, Strafvollzugskunde [Anm. 54], S. 8 ff.). Damit ist freilich noch nicht die Realverfassung des Vollzuges in jenen Epochen gekennzeichnet, die man neuerdings wieder in ein abstraktes Schema zu pressen sucht (so z. B. Thomas *Berger*, Die konstante Repression, KrimJ 4 [1973], S. 260—269, teilweise im Anschluß an *Rusche*, Arbeitsmarkt und Strafvollzug, Zeitschr. f. Sozialforschung 2 [1933], S. 63—78; *Rusche* und *Kirchheimer*, Punishment and Social Structure, 1939; hierzu *Müller-Dietz*, Strafbegriff und Strafrechtspflege, 1968, S. 35 ff.).

[61] BVerfG NJW 1973, S. 1232.

entgegengetreten, daß die (Re-)Sozialisierung lediglich einem
persönlichen oder individuellen Interesse entspreche, das mit dem
Gemeinwohl zum Ausgleich gebracht werden müsse. Vielmehr
erschiene nach der Rechtsprechung des BVerfG eher die Aussage gerechtfertigt, daß das öffentliche Interesse auf dem Felde
der Kriminalitätsbekämpfung gleichsam mehrdimensionalen
Charakter hat, eben die Zwecke der Spezial- und Generalprä-
vention einschließt, die aufeinander abzustimmen sind. Jedenfalls verweist die Interpretation des Sozialstaatsprinzips durch
das BVerfG auf den zweifachen, den sozialen und den individuellen Aspekt des (Re-)Sozialisierungsziels, der die Ausgestaltung des Vollzuges bestimmen soll.

IV.

Freilich hat diese sozialstaatliche Betrachtungsweise auf dem
Gebiet des Vollzuges erst in jüngster Zeit an Boden gewonnen.
Bis vor kurzem haben die geschichtlich vertrauteren rechtsstaatlichen Fragestellungen im Vordergrund gestanden. Dafür mögen
verschiedene Gründe verantwortlich sein. Ein Grund kann darin
gesehen werden, daß die verfassungsrechtliche Sozialstaatstheo-
rie lange Zeit unausgearbeitet blieb und bis in die Gegenwart
hinein unter grundsätzlichen Kontroversen litt[62]. Geht man davon aus, daß die Verwirklichung des Sozialstaatsprinzips weitgehend Sache gesetzgeberischer Gestaltung ist, dann kann jene
Theorie sehr wahrscheinlich gar nicht das Maß an Konkretion
aufbringen, das für die Regelung der Vollzugsaufgaben und der
inneren Verfassung der Vollzugsanstalt erforderlich ist[63]. Vielleicht noch bedeutsamer ist der Gesichtspunkt, daß das Sozialstaatsprinzip sich über das (Re-)Sozialisierungsziel unmittelbar
auf die Lösung der Behandlungsproblematik auswirkt, die auf
der juristischen Ebene und mit rechtlichen Mitteln allein nicht zu
lösen ist. Der Rückzug des Juristen in die Traditionsbereiche und
auf die gewohnten Felder des überkommenen Rechtsstaatsver-
ständnisses hat freilich auch mit der latenten Verunsicherung
durch sozialwissenschaftliche Fragestellungen und Arbeitsergeb-
nisse zu tun, die wiederum durchaus ambivalenten Charakter

---

[62] Vgl. z. B. *Hartwich*, Sozialstaatspostulat und gesellschaftlicher status
quo, 1970; *Häberle*, Grundrechte (Anm. 53), S. 90 ff.; Werner *Schreiber*, Das
Sozialstaatsprinzip des Grundgesetzes in der Praxis der Rechtsprechung,
1972. Über die Kontroversen auch *Müller-Dietz*, Strafvollzugsgesetzgebung (Anm. 13), S. 93 ff.
[63] Dazu *Müller-Dietz*, Strafzwecke (Anm. 47), S. 15 ff. (m. w. Nachw.).

tragen. Auf der einen Seite ist das Denken in und das Arbeiten mit empirischen Kategorien dem Juristen nicht oder nur unzureichend geläufig; hierüber gibt es eine umfangreiche, allmählich fast zum Selbstzweck ausartende Literatur[64], die nicht selten ihr Ghettodasein innerhalb der Rechtswissenschaft noch goutiert, in das sie teils durch die traditionell juristische Distanz und Distanzierung von sozialwissenschaftlichen Ansätzen, teils durch ihr Selbstverständnis und ihren Fachjargon geraten ist. Auf der anderen Seite ist nicht ganz zu Unrecht der Eindruck entstanden, daß die kriminologischen und sozialwissenschaftlichen Analysen des Vollzuges vielfach die Position einer bloßen Kritikwissenschaft einnehmen, die zwar weitgehend sagen kann, was im Hinblick auf bestimmte Vollzugsziele — etwa das (Re-)Sozialisierungsziel — in der Praxis und von ihr falsch gemacht wird, nicht aber, wie im Kontext einer solchen Zielvorgabe ein optimaler Behandlungsvollzug konkret aussehen müßte. Typischerweise wird die Forderung nach mehr Behandlungsforschung und wissenschaftlich kontrollierter praktischer Erprobung neuer Vollzugsmodelle nicht zuletzt von denen, etwa von Kriminologen und Sozialwissenschaftlern, erhoben, von denen der Jurist gerade Auskunft auf seine Frage nach der Ausgestaltung des Vollzuges erwartet.

Dementsprechend wird ja die Zurückhaltung im normativen Bereich gerade mit jenem Defizit an Behandlungsforschung begründet, dessen Feststellung nahezu zur gängigen Pflichtübung der Kriminologie geworden ist. Das hat denn auch prompt seinen Niederschlag im RE gefunden. Zumindest partiell sucht er seine Strategie des vorsichtigen, fast zögernden Vorwärtstastens auf dem Gebiet der Behandlung mit dem Argument zu recht-

---

[64] Z. B. *Lenk*, Von der Bedeutung der Rechtswissenschaft und der Sozialwissenschaften für Juristen, Kritische Justiz 1970, S. 273—282; *Opp*, Zur Anwendbarkeit der Soziologie im Strafprozeß, Kritische Justiz 1970, S. 383—398; *Lautmann*, Soziologie vor den Toren der Jurisprudenz, 1971; *Naucke*, Über die juristische Relevanz der Sozialwissenschaften, 1972; *Struck* und *Lautmann* (zum Verhältnis von Rechtswissenschaft und Soziologie), in: Rechtswissenschaft und Nachbarwissenschaften, Bd. 1, 1973, S. 13—34, 35—49; *Rottleuthner*, Rechtswissenschaft als Sozialwissenschaft, 1973; *Hagen*, Soziologie und Jurisprudenz, 1973. Zur einschlägigen Literatur bis ca. 1970 etwa Müller-Dietz, Strafrechtsdogmatik (Anm. 26), S. 108 f., 113 f., 117 f. Informativ die einführenden Beiträge von Manfred *Rehbinder*, Rechtssoziologie, und von Harald *Koch*, Justizforschung, JuS 13 (1973), S. 272—276, 471—474. Für den Bereich des Vollzuges kritisch vor allem *Quensel*, Zusammenarbeit (Anm. 16), S. 12 ff.

28

fertigen, daß es insoweit an ausreichender — wissenschaftlich
gesicherter — Erfahrung fehle oder daß solche Fragen einer
gesetzlichen Regelung überhaupt nicht oder nur schwer zugäng-
lich seien. Ganz in diesem Sinne sagt die Begründung, daß der
RE zwar „die Aufgaben des Strafvollzuges und die Richtung
der künftigen Entwicklung" angebe, jedoch auf eine Regelung
der Behandlungsmethoden verzichte: „Der Entwurf sieht es vornehmlich als eine Aufgabe der Wissenschaft und der Vollzugspraxis an, auf der Grundlage des Rechts und nach den gesetzlich gestellten Aufgaben die überkommenen Methoden zu über-
prüfen und neue zu erproben. Das Strafvollzugsgesetz muß
deshalb hinreichend Raum für die Fortentwicklung der Behandlungsmethoden lassen und darf keinesfalls neue Wege ver-
sperren."[65] Diese Strategie der normativen Askese und des
Offenhaltens für Innovationen trägt weithin den RE. Auch an
anderer Stelle findet sich die Feststellung, daß methodische Fragen „der weiteren Entwicklung in Praxis und Wissenschaft überlassen bleiben müssen" — freilich gepaart mit dem Anspruch,
daß der Entwurf „den verschiedenen Behandlungsmethoden den
Weg" öffne[66]. „Der Gesetzgeber kann zwar das Behandlungsziel vorschreiben, aber nicht entscheiden, mit welchen Methoden
es zu erreichen ist. Es muß daher dem Ermessen der Vollzugs-
behörde weitgehend überlassen bleiben, auf welche Weise und
mit welchen Methoden sie die Behandlung durchführt[67]." Das
erklärt es — wenigstens teilweise —, weshalb der RE das neue
Vollzugskonzept in vielfacher Hinsicht offengelassen hat. Vor
allem im Bereich der Organisationsregelungen macht sich jener
Topos mangelnder praktischer Erfahrung und unzureichender
theoretischer Durchdringung der Materie geltend. Hier zieht
sich der RE — im Gegensatz etwa zum AE — häufig auf allgemeine Formeln und Generalklauseln zurück. Beispielhaft dafür ist die These, daß der Entwurf „nicht die Größenordnung
genau bestimmen" könne, „in denen Haftplätze für die verschiedenen Anstalten oder Anstaltsabteilungen vorhanden sein müssen[68]".

Aus demselben Grunde enthält sich der RE einer Aussage

---

[65] Drucksache 7/198, S. 41.
[66] Drucksache 7/198, S. 45.
[67] Drucksache 7/918, S. 47.
[68] Drucksache 7/918, S. 92.

über die Größe der Betreuungs- oder Behandlungsgruppen, in die die Vollzugsanstalt nach § 130 Abs. 2 gegliedert werden soll. Innerer Aufbau der künftigen Vollzugsanstalt und deren personeller Rahmen werden daher allenfalls andeutungsweise sichtbar. Das ist etwa der Fall, wenn § 143 Abs. 2 Satz 2 es gestatten will, „bestimmte Aufgabenbereiche", die an sich in die Zuständigkeit des Anstaltsleiters fallen, „der Verantwortung anderer Vollzugsbediensteter oder ihrer gemeinsamen Verantwortung" zu übertragen. Die Begründung hält zu dieser gewiß vorsichtigen Regelung, die auf niemanden Zwang ausübt und höchstens stimulierenden Effekt haben dürfte, wiederum die Antwort parat, daß einer Weiterentwicklung Raum gegeben werden müsse. Das entspreche „der Tendenz des Entwurfs", „Fragen der Behandlungsmethodik nicht zu präjudizieren und weiteren Erkenntnissen gegenüber offen zu bleiben[69]".
Solche Sätze haben fraglos programmatischen Charakter und stehen gleichsam stellvertretend für die Regelungstendenzen des RE insgesamt. Ihre Ambivalenz wird deutlich, wenn man sich vergegenwärtigt, daß zumindest in der gegenwärtigen Situation jedes Vollzugsgesetz sich in dem Dilemma befindet, entweder durch allzu detaillierte Beschreibung eines empirisch nicht abgesicherten Behandlungskonzepts (weiteren) Fehlentwicklungen vorzuarbeiten oder aber infolge weitgehender normativer Zurückhaltung zu wenig gesetzlichen Zwang in Richtung auf Innovationen auszuüben und dadurch — ungewollt — den Status quo zu fördern[70]. Negative Erfahrungen schrecken. Man möchte nicht erneut einem „steingewordenen Riesenirrtum" erliegen[71] und ihn noch durch entsprechende gesetzliche Regelungen untermauern. Die Fixierung des 19. Jahrhunderts auf die Zellen- und Isolierhaft nach pennsylvanischem Muster, auf Einschließung des Gefangenen, Abschließung von der Außen- und Umwelt, Ausschließung von der Gesellschaft mit ihren an Zucht und Ordnung orientierten Reglementierungszwängen gibt zu denken. Nur geschichtsloses, hypertrophes Denken könnte wähnen, man sei heute, etwa auf Grund des Erkenntniszuwachses, vor solchen Fehlentwicklungen —

---

[69] Drucksache 7/918, S. 97.
[70] Vgl. z. B. die Kritik des AE (Anm. 15), S. 59, am RE.
[71] So das vielzitierte Wort Eb. *Schmidts* (Zuchthäuser und Gefängnisse, o. J., S. 5).

unter verändertem Vorzeichen natürlich — gefeit. Daß man begangene Fehler vermeidet, schließt aber — wie anders? — neue nicht aus. Die inhaltliche Ausgestaltung des Vollzuges ist schwerlich ein- für allemal definitiv festgelegt, sondern muß von Zeit zu Zeit entsprechend dem wissenschaftlichen und gesellschaftlichen Wandel neu bestimmt werden. Insofern wäre jede Fixierung des Vollzugssystems und seiner konkreten Aufgaben, die von der geschichtlichen und sozialen Wirklichkeit zu abstrahieren suchte, auf dem Holzwege; unverkennbar ist die Gefahr einer solchen Dogmatisierung, die allemal auch ein Stück Ideologisierung in sich trägt, selbst heute keineswegs gebannt. Wenn es richtig sein sollte, daß der Behandlungsvollzug in vielem empirisch nicht abgesichert, wissenschaftlich noch unbeglaubigt ist, dann wäre Zurückhaltung des Gesetzgebers mehr als legitim. Dann irrten jene, die dem RE vorwerfen, er bliebe hinter modernen wissenschaftlichen Erkenntnissen zurück.

Doch ist das nur die eine Seite der Medaille — und vielleicht noch nicht einmal die ganze. So führt nun einmal — will man der Vollzugspraxis eine neue Richtung geben — kein Weg daran vorbei, das künftige Vollzugsmodell in einem gewissen Umfange normativ festzuschreiben. Denn auch die Erfahrung, daß mangelnde gesetzliche Festlegung zur Beibehaltung des Status quo beitragen oder zu — unerwünschten — Selbstregelungsmechanismen führen kann, hat ihre Geschichte. Um ein innovationsfähiges Vollzugssystem zu schaffen, müssen Offenheit und Flexibilität erst einmal in die Organisationsstruktur der Vollzugsanstalt und in den Vollzugsalltag eingeführt, also doch — im Rahmen des Möglichen — normativ abgesichert werden[72]. Entsprechendes muß wohl auch für die Regelung von Behandlungsfragen gelten[73]. Natürlich kann keine Rede davon sein, daß es Funktion eines Gesetzes sei, Behandlungsmethoden — etwa Verhaltenstherapie oder analytische Gruppenpsychotherapie — zu beschreiben; das muß einschlägigen Lehrwerken über-

---

[72] Vgl. *Müller-Dietz*, Organisation (Anm. 14), passim.
[73] Für „legislatorische Zurückhaltung" im Hinblick auf den „gegenwärtige(n) Stand der Behandlungswissenschaft" *Müller-Dietz*, Gutachten (Anm. 46), S. C 19, und anderwärts (z. B. Wege [Anm. 5], S. 21; vgl. auch: die bisherige Entwicklung auf dem Gebiet des Strafvollzugsrechts, in: Die Strafvollzugsreform [Anm. 5], S. 81—96, 94 f.). Dazu Schüler-*Springorum*, ZStW 1973, S. 922 (Anm. 12). Heute scheint mir — nach den bisherigen Erfahrungen mit der Vollzugsreform — ein differenzierteres Urteil gerechtfertigt.

lassen bleiben. Aber das ist nicht das entscheidende Problem, um das es im „legislatorischen Vorfeld" der Behandlung geht. Im Mittelpunkt steht doch vielmehr die Frage, in welchem Umfang die organisatorischen, personellen und sonstigen Rahmenbedingungen eines Behandlungsvollzuges gesetzlich geregelt werden müssen, damit der Vollzug das für seine Tätigkeit erforderliche Instrumentarium auch erhält. Vor allem in ihrer Antwort auf diese Frage unterscheiden sich RE und AE voneinander. Während der RE sich insoweit mit Andeutungen begnügt und im übrigen auf Anstöße aus der Vollzugspraxis selbst vertraut, sieht der AE ein möglichst hohes Maß an Konkretion als Mittel an, um eine grundlegende Veränderung des Vollzugssystems herbeizuführen und nun seinerseits der Vollzugspraxis Impulse zu geben[74]. Er hält im übrigen „die Grundzüge" seines Konzepts schon jetzt für „wissenschaftlich abgesichert"[75] — was der RE, der mehr auf kontinuierliche Weiterentwicklung denn auf einen „qualitativen Sprung" hin angelegt ist, von seinem Standpunkt aus wohl bezweifeln müßte.

Diese Problematik hat gewiß auch mit dem zuvor skizzierten ambivalenten Verhältnis des Juristen zur Sozialforschung und mit deren Selbstverständnis zu tun. Teils sind die Erwartungen an die Sozialforschung überhöht, teils glaubt man von ihr keinen konstruktiven Beitrag zur Lösung der Vollzugsfragen erwarten zu können[76]. Manche Richtungen der Sozialforschung möchten auf Grund der Einschätzung ihrer eigenen Rolle im Prozeß der Gewinnung und praktischen Anwendung wissenschaftlicher Erkenntnis Vollzugspraxis und -gesetzgeber auf ihre Methoden und Anschauungen verpflichten, ohne sich selbst in gleichem Maße der Kritik zu stellen. Begegnet uns auf juristischer Seite immer wieder der Hang zum Dogmatismus und zur Verwendung empirisch unbeglaubigter Alltagstheorien, so huldigt man auf sozialwissenschaftlicher Seite häufig einem Purismus des Datensammelns, einer Methodenstrenge — auch auf begriff-

---

[74] Vgl. einerseits z. B. einschlägige Begründungen zum RE (Drucksache 7/918, S. 45, 97), andererseits entsprechende Hinweise des AE (Anm. 15), S. 59.

[75] AE (Anm. 15), S. 97.

[76] Allgemein zur Forschungssituation etwa *Kaiser*, Kriminologie (Anm. 4), S. 121 ff.; *Schumann*, Ungleichheit, Stigmatisierung und abweichendes Verhalten. Zur theoretischen Orientierung kriminologischer Forschung, KrimJ 5 (1973), S. 81—96.

lichem Gebiet —, die ihre wissenschaftliche Befriedigung in der
Entlarvung rechtlicher Leerformeln findet. Ignorieren Juristen
vielfach die soziale Wirklichkeit, weil sie ihre Vorstellung davon
für die richtige halten, so vernachlässigen Soziologen nicht selten
die geschichtliche Dimension menschlichen Handelns — von der
bekanntlich auch der Forschungsprozeß nicht ausgenommen ist.
Damit ist eine zweifache Gefahr verbunden: Wer die empirischen Bedingungen eines Behandlungsvollzuges nicht oder nur
unzureichend kennt, wird ihn schwerlich sachgerecht regeln
können. Umgekehrt wird, wer eine umfassende empirische Auf-
hellung des sozialen Feldes Strafvollzug und eine sorgfältige
Untersuchung der Rechtsbegriffe auf der Grundlage der analytischen Wissenschaftstheorie fordert — wie bereits angedeu-
tet —, eine durchgreifende Vollzugsreform auf unabsehbare
Zeit hinaus suspendieren müssen[77]; und er wird dann noch zu
bedenken haben, in welchem Umfange seine Analyse über eine
bestimmte geschichtlich-gesellschaftliche Situation hinaus gültig
ist.

Das verweist auf das Problem der Leistungsfähigkeit sozial-
wissenschaftlicher Analysen, auch im Hinblick auf künftige
Entwicklungen. Es ist einmal die im Grunde wissenschaftstheore-
tische Frage, ob und inwieweit es möglich ist, umfassendere
Konzepte oder Hypothesen empirisch zu verifizieren. Immerhin
ist der auf *Popper* zurückgehende Einwand, insoweit seien nur
Falsifizierungen denkbar, ernst zu nehmen[78]. Dann müßte man
sich allerdings fragen, ob rechtliche Regelung und praktische
Ausgestaltung des Vollzuges eine Ehe mit einem derart rigiden
Wissenschaftsverständnis eingehen sollten (und könnten). Zum
zweiten ergibt sich hinsichtlich empirischer Vollzugsforschung
das Problem, inwieweit von wissenschaftlicher Reproduktion
praktischer Erfahrungen, die ja allemal an die aktuelle psycho-
soziale und gesellschaftliche Situation gebunden sind (und darüber hinaus meist im Kontext bestimmter Zeitströmungen inter-
pretiert werden), Aussagen für die Zukunft erwartet werden
können. Damit kommt man also wiederum auf die allgemeine
sozialwissenschaftliche Frage zurück, in welchem Umfange

[77] Kritisch in diesem Sinne auch *Suttinger*, Der Entwurf etc. (Anm. 5), S. 531.
[78] Vgl. *Eisenberg*, Einführung in die Probleme der Kriminologie, 1972, S. 55 f.

empirische Forschung — eben weil sie abgeschlossene Lebenssachverhalte oder noch in der Entwicklung befindliche soziale Prozesse reflektiert — mehr als bloße Trendanalysen zu liefern in der Lage ist. So könnte manches dafür sprechen, sich von jenem wissenschaftstheoretischen Purismus zu lösen, der zwar der Behandlungsforschung auf lange Zeit hinaus Brot, der Vollzugspraxis vermutlich aber nur Steine geben dürfte. Eine solche Position hätte sich freilich zu rechtfertigen. Sie wäre, wenn überhaupt, noch am ehesten auf dem Gebiet des Vollzuges zu begründen, der allemal — unabhängig vom jeweiligen Stand der Forschung — auf brauchbare Handlungsanweisungen angewiesen ist. Bert *Brecht* hat jene Position in seinem „Galilei" auf die denkbar kürzeste und einprägsamste Formel gebracht: „Ich halte dafür, daß das einzige Ziel der Wissenschaft darin besteht, die Mühsal der menschlichen Existenz zu erleichtern." In konkreter Nutzanwendung hieße dies: Wenn Behandlungsforschung sich — wenn auch ungewollt und vielleicht uneingestanden — darin erschöpft, die Vollzugspraxis zu kritisieren, ohne konkrete Handlungsalternativen zu entwickeln, dann werden die ohnehin latent vorhandenen Widerstände gegen eine Zusammenarbeit mit Kriminologen und Sozialwissenschaftlern eher noch wachsen[79]. Tatsächlich gibt es indessen Anzeichen dafür, daß nach Abwanderung eines Teils der empirischen Forschung in die weiten Gefilde der Gesellschaftskritik und -politik[80] eine stärkere Praxisbezogenheit wissenschaftlicher Untersuchungen Platz greift. Sie könnte möglicherweise auch jenen Schwierigkeiten ein wenig abhelfen, die sich daraus ergeben, daß psychologische, (sozial-)pädagogische und -therapeutische Sachverhalte in Normen übersetzt werden müssen. Denn noch immer scheint es trotz der „Strukturverschlingung" von Sein und Sollen[81] an einem Schlüssel zur Transformation empirischer Erkenntnis in gesetz-

[79] Dagegen wohl auch AE (Anm. 15), S. 97 (a. E.). Kritisch zu bestimmten Tendenzen der bisherigen Vollzugsforschung *Rotthaus*, Gegen einen Rückzug der Forschung aus dem Strafvollzug, KrimJ 5 (1973), S. 67—69; Eva *Rühmkorf*, Forschung und Praxis im Strafvollzug, KrimJ 1973, S. 213—219.
[80] Zu solchen Tendenzen etwa *Hilbers/Karstedt/Lange/Rühmkorf/Tennstedt/Wetter*, Strategien der Strafvollzugsforschung, KrimJ 5 (1973), S. 63 bis 66; *Schumann*, Struggle for Justice. Die Opfer von Justiz und Strafvollzug — eine politische Kraft? KrimJ 1973, S. 219—224; *ders.*, KrimJ 1973, S. 317.
[81] Arthur *Kaufmann*, Das Schuldprinzip, 1961, S. 37, im Anschluß an *Radbruch*, Die Natur der Sache als juristische Denkform, 1960 (1948), S. 9.

liche Regelungen zu fehlen. Gelegentlich muß man — auch und gerade auf sozialwissenschaftlicher Seite — ein entsprechendes Problembewußtsein vermissen. Immerhin existieren bereits Ansätze, Daten über die sperrige soziale Wirklichkeit in die Gesetzgebung einzubringen. Beispiele dafür bilden etwa der Diskussionsentwurf eines Jugendhilfegesetzes[82] und der AE, die beide zugleich als Versuche verstanden werden können, rechtliche Schritte über den sehr eng umgrenzten Bereich kontrollierten Erfahrungswissens hinaus zu wagen, um pädagogische und therapeutische Prozesse in Gang zu setzen. Daß es dabei nicht ohne Kompromisse abging und daß dieses Vorgehen mit einer Zunahme der so verpönten sozialen Komplexität bezahlt werden mußte, wird bei einer Analyse der verschiedenen Behandlungsmodelle zu zeigen sein.

V.

Die aktuelle Situation von Behandlungsforschung und Vollzugsgesetzgebung wirft darüber hinaus die — empirisch freilich gleichfalls nicht oder nur unzureichend beantwortete — Frage auf, ob und inwieweit grundlegende Veränderungen des Vollzuges überhaupt kriminalätiologisch zu Buche schlagen. Es geht dabei um jenes Problem, das im Hinblick auf das Beispiel Schwedens (aber auch anderer Länder) seit einiger Zeit unter negativem Vorzeichen diskutiert zu werden pflegt. Das Stichwort „Abkehr von der Behandlungsideologie" soll signalisieren, daß die Erwartungen, die man in den modernisierten schwedischen Strafvollzug gesetzt hat, enttäuscht worden sind und daß deshalb Bestrebungen, zum traditionellen Vollzugssystem zurückzukehren oder jedenfalls andere Reaktionsformen zu entwickeln, wieder die Oberhand gewinnen[83]. In diesem Sinne ver-

---

[82] Diskussionsentwurf eines Jugendhilfegesetzes, hrsg. vom Bundesminister für Jugend, Familie und Gesundheit, 1973. Dazu etwa *Müller-Dietz*, Der Diskussionsentwurf eines neuen Jugendhilfegesetzes und die Behandlung straffälliger Jugendlicher, ZBlJugR 60 (1973), S. 453—471; *Simonsohn*, Wieviel Fortschritt? Grundsätzliche Betrachtungen zum „Diskussionsentwurf eines Jugendhilfegesetzes", Theorie und Praxis der sozialen Arbeit 24 (1973), S. 406—420.

[83] Vgl. *Preissler*, Zur Praxis des schwedischen Maßnahmesystems, Der Nervenarzt 41 (1970), S. 371—380; *Hilbers* und *Lange*, Abkehr von der Behandlungsideologie? KrimJ 5 (1973), S. 52—59; H. J. *Schneider*, Die gegenwärtige Lage etc. (Anm. 4), S. 581 f. Dazu ferner *Simson*, Behandlung statt Strafe? ZRP 4 (1972), S. 262—267 (265 f.).

weisen etwa Gegner des Behandlungskonzepts auf die Entwicklung der Rückfallkriminalität in Schweden. Freilich ist eine solche Argumentation nur stichhaltig, wenn die empirischen Voraussetzungen, von denen man ausgeht, und die Schlußfolgerungen, die man hieraus zieht, überhaupt stimmen. Zu jenen gehört aber nun einmal die Verwirklichung des Behandlungskonzepts in der Vollzugspraxis. Gerade das ist indessen umstritten. So berufen sich Befürworter des Behandlungsvollzuges darauf, daß dieser allenfalls teilweise und (noch) keineswegs in der richtigen Weise realisiert worden sei[84]. Solange jedoch über eine derart grundlegende Voraussetzung kein Konsens besteht, gleicht die Auseinandersetzung um Erfolg oder Mißerfolg des schwedischen Strafvollzuges einem Spiel mit gezinkten Karten: Man behauptet jeweils diejenigen empirischen Prämissen, die die eigene Schlußfolgerung zu stützen in der Lage sind — oder von denen man dies wenigstens annimmt. Es ist fast müßig, darauf hinzuweisen, daß nach diesem Schema zahlreiche Meinungsverschiedenheiten über den heutigen Vollzug und dessen künftige Entwicklung ausgetragen werden.

Dabei wird weiter vielfach als problemlos unterstellt, daß Veränderungen des Vollzugssystems auch tatsächlich in der Lage sind, in statistisch signifikanter und feststellbarer Weise die Entwicklung der (Rückfall-)Kriminalität zu beeinflussen. Hier regen sich gleichfalls Zweifel. Denn noch immer wird die Annahme einigermaßen kontrovers beurteilt, daß ein relativ breiter Bereich der Kriminalität existiert, der auf Wandlungen des Sanktionensystems nicht oder jedenfalls nur unerheblich reagiert[85]. Auch diese Fragestellung ist heikel und ambivalent. Sie könnte nämlich Anlaß dazu geben, auf — zudem noch kostspielige — Innovationen im Vollzug zu verzichten, wenn damit zu rechnen wäre, daß selbst ein Behandlungsvollzug sich nicht auf die Rückfallziffern auswirken würde. Nun ist das Kriterium des meßbaren Erfolges, repräsentiert durch den Rückgang der Kriminalität, sicher nicht der einzige Gesichtspunkt, der die Verwirklichung eines Behandlungsvollzuges zu legitimie-

---

[84] Dazu z. B. *Isola*, Humaner Behandlungsvollzug hinter schwedischen Gardinen, ZfStrVO 22 (1973), S. 153—161. Vgl. auch *Christ*, Die Kehrseite der „Abkehr von der Behandlungsideologie", KrimJ 5 (1973), S. 60—63.
[85] Vgl. etwa *Kaiser*, Kriminologie (Anm. 4), S. 86 f.

ren vermag. Es ist aber das kriminalpolitisch und ökonomisch eindrucksvollste und darum auch publizistisch noch am ehesten durchzusetzen; jede Reform, die letztlich der Steuerzahler finanzieren muß, hängt bekanntlich von einem breiten Konsens über ihre Notwendigkeit ab, die wiederum nach Effizienzgesichtspunkten beurteilt zu werden pflegt[86]. Sämtliche Entwürfe zum StVG suchen dementsprechend ihr Behandlungskonzept zumindest teilweise mit der Erwartung zu rechtfertigen, der — reformierte — Vollzug werde in mehr oder minder großem Umfang zur Bekämpfung der Rückfallkriminalität beitragen. So spricht etwa der RE von der „Aufgabe des Vollzuges, durch die Behandlung des Straffälligen zur Verminderung der Kriminalität beizutragen"[87]; und der AE verweist bei der Gegenüberstellung von Mehrkosten und Nutzen eines Behandlungsvollzuges auf die „Einsparungen", „die sich langfristig aus einer Senkung der Rückfallziffern ergeben würden[88]. Insofern ist das Argument des meßbaren Erfolgs angesichts verbreiteter Skepsis innerhalb der Kriminologie des In- und Auslandes nicht ungefährlich; denn wenn die Annahme sich als richtig erweisen oder — was für die kriminalpolitische Entscheidung, wenn auch nicht für die wissenschaftliche Diskussion wohl dasselbe bedeuten würde — sich durchsetzen sollte, daß ein Behandlungsvollzug lediglich das Klima in den Vollzugsanstalten verbessern und die Humanisierung des Vollzuges fördern würde[89], dann würde es an einer wesentlichen Voraussetzung für die Verwirklichung eines solchen Vollzuges fehlen. Ohnehin wäre — auch bei Vernachlässigung aller anderen Faktoren — die Annahme unrealistisch, daß sich Behandlung zum Zwecke der Rückfallverhütung kurzfristig in der Kriminalstatistik niederschlagen würde. Dabei wäre noch völlig das psychologische Moment des Erfolgsdruckes, unter dem ein Behandlungsvollzug unter derartigen Vorzeichen stehen dürfte, außer acht gelassen. Man kann nämlich mit guten Gründen bezweifeln, daß es eine günstige Vorbedingung für Kriminaltherapie ist, unter allen Umständen mit Erfolgsmel-

---

[86] Zur Bedeutung des Effizienzkriteriums für die Verwaltung *Leisner*, Effizienz als Rechtsprinzip, 1971, S. 48 ff.

[87] Drucksache 7/918, S. 42.

[88] AE (Anm. 15), S. 3.

[89] So jedenfalls H. J. *Schneider*, Die gegenwärtige Lage etc. (Anm. 4) S. 581 f.; *ders.*, Kriminologie (Anm. 4), S. 167 ff. Zurückhaltender *Göppinger*, Kriminologie, 2. Aufl., 1973, S. 302 f.

dungen aufwarten zu müssen; so ist man denn auch in der Beurteilung der kriminalprophylaktischen Bedeutung der bisherigen Sozialtherapie sichtlich zurückhaltender geworden und charakterisiert sie vielfach als bloße „Modellversuche", eben weil ihre Zukunft und ihre Auswirkungen noch durchaus ungewiß sind. Andererseits kann die Annahme, daß Veränderungen des Sanktionensystems in größeren Teilbereichen, etwa im Strafvollzug, keine einschneidenden Konsequenzen für die Kriminalitätsentwicklung — im positiven wie im negativen Sinne — haben, dem Behandlungskonzept auch zugute kommen. Sie könnte der anscheinend weitverbreiteten Vorstellung entgegenarbeiten, daß die Verwirklichung der geplanten Vollzugsreform den Schutz der Allgemeinheit gefährden würde; und sie könnte weiter dazu führen, das Verhältnis der „ambulanten" Sanktionen zu den freiheitsentziehenden qualitativ und quantitativ zu deren Lasten zu verschieben. Denn wenn Verzicht auf Freiheitsentzug in bestimmtem Umfange die Sicherheit der Allgemeinheit nicht beeinträchtigt, dann liegt es nahe, insoweit auf andere Reaktionsformen, etwa auf Geldstrafe, Strafaussetzung zur Bewährung oder auf eine zur Hauptstrafe ausgestaltete Entziehung der Fahrerlaubnis, zurückzugreifen[90]. Aber diese Erwägungen liegen — wie so manches andere — dem Vollzug voraus; er kann zwar Auswirkungen der grundsätzlichen kriminalpolitischen Weichenstellung und der Praxis der übrigen Strafrechtspflege in gewissen Grenzen korrigieren — restlos beseitigen kann er sie jedoch nicht. Freilich scheint die Bedeutung solcher Faktoren für die Gestaltung und Reform des Vollzuges noch immer unterschätzt zu werden. So spricht manches dafür, daß ein aufwendiges theoretisches und planerisches Instrumentarium mit seinen erheblichen Folgekosten zumindest dann teilweise entbehrt werden könnte, wenn einige strafrechtliche und kriminalpolitische Daten anders lauten würden, als es gegenwärtig der Fall ist. Dazu gehört die Gesamtzahl der Inhaftierten, sowohl absolut gesehen als auch bezogen auf die Bevölkerungszahl. Dazu rechnet weiter der hohe Anteil — zu vollstreckender — kurzer Freiheitsstrafen an jener Gesamtzahl. Fraglos schlagen hier Quantitäten in eine neue Qualität um[91].

---

[90] Vgl. *Kaiser* Kriminologie (Anm. 4), S. 87; H. J. *Schneider*, Die gegenwärtige Lage etc. (Anm. 4), S. 581; dens., Kriminologie (Anm. 4), S. 170 f.

[91] Dazu etwa *Quensel*, Kurzfristige Freiheitsstrafen: Möglichkeiten einer

Allgemein wird man sagen müssen, daß der Vollzug allenfalls bedingt Einfluß auf die Auswahl der Straftäter nehmen kann, die in seine Anstalten gelangen. Entsprechendes gilt für die durch das Strafrecht und die Strafzumessungspraxis vorgegebene Dauer des Freiheitsentzuges, die im wesentlichen nur durch eine bedingte Aussetzung des Strafrestes nach § 26 StGB korrigiert werden kann[92]. Dem ließen sich unschwer noch weitere Gesichtspunkte hinzufügen, die deutlich machen, daß die Gestaltung und Reform des Vollzuges nie losgelöst von dem kriminalpolitischen Gesamtkonzept in Angriff genommen werden können, in das die Freiheitsstrafe nun einmal eingebettet ist, und daß umgekehrt bestimmte Veränderungen des Vollzuges möglicherweise Revisionen im Strafrecht und in der Strafzumessungspraxis geradezu voraussetzen. Insofern gehen die Frustrationen und Reibungsverluste, die wir heute bei Reformen im Strafvollzug zu verzeichnen haben, nicht zuletzt auf Friktionen im System der staatlichen Reaktionsmechanismen überhaupt zurück[93]. Diesen Zusammenhang gesehen und herausgestellt zu haben, ist sicher ein wesentliches Verdienst des AE zum Allgemeinen Teil des StGB. Eine andere Frage ist jedoch, ob und inwieweit es angesichts des heutigen Standes der Sanktionsforschung möglich ist, ein empirisch einigermaßen abgesichertes kriminalpolitisches und in sich konsistentes Gesamtkonzept vorzulegen. Das geht wohl noch dem Bemühen voraus, vollzugsspezifische Bedürfnisse (oder gar Notwendigkeiten) restlos und in einer allseits befriedigenden Weise mit — den noch weitgehend ungeklärten — generalpräventiven Phänomenen[94] zu versöhnen. Wer solche Gesichtspunkte bei seinen Überlegun-

rationalen Kriminalpolitik, in: Kriminologische Wegzeichen (Kriminologische Schriftenreihe Bd. 29), 1967, S. 287—303; *ders.*, Der Alternativ-Entwurf in Zahlen, in: Programm für ein neues Strafgesetzbuch. Hrsg. von *Baumann*, 1968, S. 55—56; *ders.*, Kurze Freiheitsstrafen: Das Dilemma der Strafrechtsreform, in: Mißlingt die Strafrechtsreform? Hrsg. von *Baumann*, 1969, S. 108—119; *Müller-Dietz*, Strafvollzugsgesetzgebung (Anm. 13), S. 119 ff.; *Tröndle*, Die Geldstrafe im neuen Strafensystem, MDR 26 (1972), S. 461—468 (461 f.).
[92] Dazu *Müller-Dietz*, Strafzwecke (Anm. 47), S. 21 ff.
[93] Zur Inkonsistenz des gegenwärtigen Sanktionensystems *Müller-Dietz*, Strafzumessung (Anm. 53), S. 1 ff.
[94] Vgl. *Zimring*, *Hawkins*, Deterrence. The Legal Threat in Crime Control, 1973, S. 92 ff. (zu den Schwierigkeiten der Messung a. a. O., S. 327 ff.); *Bailey* and *Smith*, Punishment: Its Severity and Certainty, The Journal of Criminal Law, Criminology and Police Science 63 (1972), S. 530—539.

gen zur Reform des Vollzuges nicht mitbedenkt, fällt leicht dem latenten Hang zum Reduktionismus zum Opfer, der die Diskussion auf die seiner Argumentation günstigen Topoi und Faktoren beschränken möchte: der „Ausklammerungseffekt" als Preis der Einfachheit, die eine differenzierte Wirklichkeit verfehlt. Aber das ist bereits Thema jener Konfrontation von „realistischer" und „utopischer" Betrachtungsweise, wie sie in den jüngsten Auseinandersetzungen um die Vollzugsreform anzutreffen ist. Sie spiegelt sich wenigstens teilweise in den Entwürfen und absorbiert einen erheblichen Teil der Reformdiskussion unserer Tage. Wenn der RE sich unablässig darum bemüht, die Realisierbarkeit oder Nichtrealisierbarkeit bestimmter Regelungen oder Überlegungen aufzuzeigen, so kommt darin derselbe Anspruch der Praxisnähe zum Ausdruck, der in so vielfältiger Weise die Stellungnahme des Bundesrates bestimmt hat. Nicht zufällig hat sich der Bundesrat zum Anwalt der finanziellen Interessen der Länder gemacht und insofern gleichsam das Kontrastprogramm zum Innovationsmodell des AE geliefert. Die vorgegebene administrative, organisatorische und bauliche Struktur des Vollzuges und der Vollzugsanstalten diktiert hier über das gegenwärtige Alltagsgeschehen hinaus zu erheblichem Teil auch die künftige Ausgestaltung mit — wobei freilich die bereits eingeleiteten Veränderungen vorausgesetzt bzw. mit einkalkuliert sind. Das kann nicht überraschen. Denn wer von der Praxis aus und im Blick auf sie danach fragt, was ist und was sein sollte, schätzt in aller Regel den Anteil der geschichtlichen Entwicklung und des historisch gewachsenen Zustandes höher ein als der Wissenschaftler; und er faßt darum auch eher die Grenzen als die Möglichkeiten für Veränderungen ins Auge. Dies gilt unbeschadet der Tatsache, daß es bis heute an einer umfassenden Bestandsaufnahme und Situationsanalyse aus der Sicht der Vollzugspraxis ebenso fehlt wie an einer entsprechenden Aufarbeitung der einschlägigen Probleme durch die Wissenschaft[95]. Jedenfalls möchte der Bundesrat bei der Erneuerung des Vollzuges von der heutigen Situation ausgehen. Aber selbst der AE versucht nach eigener Aussage „den im Vollzug bestehenden realen Verhältnissen Rechnung zu tragen", glaubt also, eine realistische Position einzunehmen. Allerdings schwächt er

---

[95] Zum einschlägigen Informationsdefizit *Müller-Dietz*, Strafvollzugsgesetzgebung (Anm. 13), S. 198 ff.

diese Feststellung dadurch wieder ab, daß er auf Modellanstalten verweist. In ihnen soll heute schon verwirklicht werden können, was nach dem Eingeständnis des Entwurfs im Hinblick auf den gesamten Strafvollzug eben doch als „Utopie" bezeichnet werden könnte[96]. Daß er diese Charakterisierung nicht scheut, zeigt die wissenschaftliche Unbefangenheit und Unabhängigkeit, die hinter seiner ganzen Konzeption stehen; die Bereitschaft, den Vollzug auf eine völlig neue Grundlage zu stellen, läßt erkennen, daß man trotz aller verbalen Zugeständnisse eine Art „konkrete Utopie" anstrebt, deren Verwirklichung einen „qualitativen Sprung" gegenüber dem bisherigen Vollzug bedeutete. Es ist deshalb abzusehen, daß man unter dem Aspekt der „Fortschrittlichkeit" im AE die *Umschreibung* einer gänzlich neuen Position, im RE die *Fortschreibung* und in der Stellungnahme des Bundesrates die *Festschreibung* des gegenwärtigen Zustandes erblicken wird. Dabei würde der KE wohl zwischen dem AE und dem RE, freilich näher bei diesem als bei jenem, angesiedelt werden[97].

Indessen wäre ein derartiger Versuch einer Ortsbestimmung und (klassifikatorischen) Einordnung der Entwürfe unter Behandlungsgesichtspunkten vor einem naheliegenden Mißverständnis zu bewahren. So sollte seine Funktion darin bestehen, die Entwicklung des Vollzuges durch eine Analyse der verschiedenen Behandlungskonzepte voranzutreiben und nicht hinsichtlich des einen oder anderen legislatorischen Vorschlages Stigmatisierungseffekte zu produzieren, wie sie bei Straffälligen immer wieder beobachtet werden; denn das würde nur weiteren Zündstoff in eine ohnehin emotional aufgeladene und vorbelastete Diskussion hineintragen, die Sache selbst aber schwerlich fördern. Dadurch könnte sehr leicht die rationale Argumentationsbasis verlorengehen, auf die doch jede Reform, die dem Anspruch genügen will, wirklich eine zu sein, entscheidend angewiesen ist. Insofern brächte es wohl nicht allzuviel, wenn man beispielsweise die Stellungnahme des Bundesrates als „veraltet", wenn nicht gar „reaktionär" abqualifizieren und den AE

---

[96] AE (Anm. 15), S. 3. Auch der — durchaus wohlwollende — Bericht von *Gerhardt*, Freiheit hinter Gefängnismauern, ZRP 6 (1973), S. 251—253 (253), bezeichnet den AE als „unrealistisch".

[97] Vgl. die Charakterisierung der Entwürfe durch *Schüler-Springorum*, Der Kommissionsentwurf etc. (Anm. 5).

als „progressiv" feiern oder umgekehrt dessen Konzept als „weltfremd", die Auffassung des Bundesrates jedoch als „wirklichkeitsgerecht" charakterisieren würde. Wer solchermaßen urteilt, würde zudem für sich jeweils die Richtigkeit von Wertungskriterien in Anspruch nehmen, die nicht nur selbst, sondern auch gerade hinsichtlich ihrer empirischen Prämissen umstritten sind[98].

Das gilt in verstärktem Maße für diejenigen Vorstellungen zur Vollzugsreform, die gänzlich außerhalb der heute vorherrschenden (Re-)Sozialisierungsbestrebungen anzusiedeln sind. Hier geht es gewiß nicht so sehr um die mehr oder weniger populäre Empfehlung, durch strenge und abschreckende Ausgestaltung des Freiheitsentzuges sowohl spezial- als auch generalpräventiv zu wirken — obgleich solche Auffassungen in der Geschichte der Kriminalpolitik ihre ungebrochene Kraft bewiesen haben, weil sie sich allemal durch das Ansteigen der Kriminalität bestätigt sehen und latenten kulturpessimistischen Tendenzen entgegenkommen[99]. Vielmehr stehen hier jene Positionen im Vordergrund, die eine Alternative zum Freiheitsentzug überhaupt bilden wollen. Sie suchen in aller Regel den (Re-)Sozialisierungsgedanken von einer gesamtgesellschaftlichen Theorie aus, die teils ökonomisch-materialistisch, teils psychoanalytisch orientiert ist, zu problematisieren[100]. Dementsprechend sehen sie den entscheidenden Ansatz nicht in der Verbesserung, sondern in der Überwindung oder Abschaffung des Strafvollzuges. Soweit

---

[98] „Hier hängt doch ersichtlich alles vom ‚Standpunkt' ab, den man wertend einnimmt" (*Engisch*, Auf der Suche nach Gerechtigkeit, 1971, S. 222).

[99] In diese Richtung tendieren ersichtlich *Löw*, ZRP 1973, S. 93 (Anm. 11), und *Klussmann*, MDR 1973, S. 896 (Anm. 50). Vgl. auch *Inbau* and *Carrington*, The Case for the So-Called "Hard Line" Approach to Crime, The Annals 397 (1971), S. 19—27 (freilich mit Bezug auf die Verhältnisse in den USA).

[100] Vgl. etwa *Werkentin*, Kriminalität und Verwahrlosung in der Klassengesellschaft, Erziehung und Klassenkampf 1971, Nr. 4, S. 49—63; *Werkentin/Hofferbert/Baurmann*, Kriminologie als Polizeiwissenschaft oder: Wie alt ist die neue Kriminologie? Kritische Justiz 1972, S. 221—252 (223 ff.); *Wetter* und *Böckelmann*, Knast-Report, 1972, S. 200 ff., 221 ff.; Initiative Strafvollzug, Bremen, Perspektiven einer politischen Gefangenenarbeit, Kritische Justiz 1972, S. 253—262; Gisela *Burkhardt*, Strafvollzug (Staatsgewalt, Reformismus und die Politik der Linken), Kursbuch 31 (1973), S. 89 bis 102. Vgl. auch *Heinz/Korn*, Sozialtherapie (Anm. 31), S. 41 ff., 232 ff.; *Hollstein*, Hilfe und Kapital. Die Funktionsbestimmung der Sozialarbeit, in: Sozialarbeit unter kapitalistischen Produktionsbedingungen. Hrsg. von *Hollstein/Meinhold*, 1973, S. 167—207 (202 ff.).

sie überhaupt konkretere kriminalpolitische Vorstellungen entwickeln und nicht nur in holistische, als solche empirisch unkon-
trollierbare gesellschaftspolitische Aussagen flüchten, gehen sie
etwa „von einem weitverzweigten System von offenen Wohn-
gemeinschaften", in denen „völlige Selbstverwaltung" herr-
schen soll, als Alternative zum Freiheitsentzug aus. Auch diesem
Konzept liegt bis zu einem gewissen Grade eine therapeutische
Zielsetzung zugrunde, doch tritt sie gegenüber der Internalisie-
rung bestimmter gesellschaftspolitischer Einstellungs- und Ver-
haltensmuster in den Hintergrund. Die Selbstbestimmung dient
danach nicht bloßer Ichfindung, einer Stärkung der Persönlichkeit, der Entwicklung von Lebenschancen, sondern wird eingebettet in das umfassende Ziel der „Umgestaltung des Produk-
tionsprozesses" und der „Veränderung der Produktionsverhält-
nisse"[101]. Insofern haben wir es hier mit einem globalen Welt-
konzept zu tun, das nicht nur die „richtige" Erklärung für die
Entstehung von Kriminalität, sondern auch für deren „Behandlung" zu liefern verspricht[102]. Jedoch ist die Behauptung, Delin-
quenz hänge ausschließlich mit der „Klassenstruktur der Gesellschaft" zusammen und „Behandlung" im Vollzug erfülle lediglich die Funktion der Herrschaftssicherung, allein auf der Basis
eines radikalen Reduktionismus haltbar, der nur bestimmte empirische Phänomene als solche anerkennt und der auch nur
bestimmte Wertungen dieser Phänomene zuläßt; so trägt denn
auch die künstliche Eliminierung aller anderen Faktoren und
Gesichtspunkte jene Gegenposition zum Konzept der Rückfallverhütung: der Selektionsprozeß, der im Hinblick auf Straffällige zu konstatieren ist und die Überrepräsentation der sozialen Unterschicht im Rahmen der Strafverfolgung und des Strafvollzuges erklären soll[103], kehrt hier im wissenschaftlichen Ge-

---

[101] *Wetter* und *Böckelmann*, Knast-Report (Anm. 99), S. 231.
[102] Charakteristisch die Forderung nach einer gesamtgesellschaftlichen
Theorie, die gleichsam den Schlüssel zum Verständnis und zur Abschaffung
des Strafvollzugs präsentiert (z. B. *Werkentin/Hofferbert/Baurmann*, Kriminologie [Anm. 100], S. 224 ff.; *Sack*, KrimJ 5 [1973], S. 251—254).
[103] Z. B. *Feest, Blankenburg*, Die Definitionsmacht der Polizei, 1972;
Quensel, Soziale Fehlanpassung und Stigmatisierung, in: Zur Effektivität
des Rechts (Jahrbuch für Rechtssoziologie und Rechtstheorie III), 1972,
S. 447—490; *Lautmann* und D. *Peters*, Ungleichheit vor dem Gesetz: Strafjustiz und soziale Schichten, Vorgänge 12 (1973), H. 1, S. 45—54; *Bohnsack,
Schütze*, Die Definitionsmacht der Polizei in ihrer Beziehung zur Hand-
lungskompetenz der Tatverdächtigen, KrimJ 5 (1973), S. 270—290 (m. w.

wande, wenn auch unter anderem Vorzeichen wieder und wird dementsprechend von den bereits erwähnten Stigmatisierungs- effekten begleitet. Darüber hinaus wirft ein solches Konzept die Frage auf, ob hierdurch eine humane Absicht nicht in eine schlechte Lebenspraxis verkehrt wird, die zur Dauerfrustration der Betroffenen führen muß[104]. Was sich theoretisch als Ver- besserung der Lebensbedingungen Delinquenter geriert, könnte de facto Indienstnahme von Menschen für globale (gesellschafts- politische) Zwecke bedeuten, deren Richtigkeit gleichsam an Lebensschicksalen demonstriert werden soll. Daher geben solche Konstrukte weder für die Entwicklung eines Behandlungskon- zeptes noch für die praktische Ausgestaltung des Vollzuges etwas her. Sie erfüllen allenfalls insofern eine kritische Funk- tion, als sie zu einer inhaltlichen Konkretisierung des Vollzugs- oder Behandlungsziels beitragen und das Mißverständnis aus- räumen helfen können, (Re-)Sozialisierung bestehe in bloßer Anpassung an unreflektierte Normen und Verhaltensweisen einer tonangebenden Schicht oder Gruppe, diene also dazu, den gesellschaftlichen Prozeß der Entmündigung des einzelnen vor- anzutreiben und bestehende Sozialstrukturen auch dann gegen jegliche Veränderungen zu immunisieren, wenn sie reform- bedürftig sind. Im übrigen überschreiten jene Ansätze ihrer ideologischen Fixierung oder Allgemeinheit wegen den Bezugs- rahmen, innerhalb dessen sich ein dem Straffälligen wie der Gesellschaft förderliches Behandlungskonzept entfalten ließe.

VI.

Der — notgedrungene kursorische und gewiß unvollständige — Überblick über die Vielfalt denkbarer Bezugs- und Orientie- rungspunkte für die Diskussion vorfindlicher Behandlungskon- zepte läßt die Schwierigkeiten ahnen, denen eine moderne, „auf der Höhe der Zeit" stehende Vollzugstheorie ausgesetzt ist. Die bisherigen Überlegungen dürften aber auch die Einsicht ver- mittelt haben, daß es auf dem Gebiet des Vollzuges keine glat-

---

Nachw.); *Steinert*, Statusmanagement und Kriminalisierung, in: Der Prozeß etc. (Anm. 27), S. 9—23.
[104] Kritisch in diesem Sinne *Schüler-Springorum*, Was stimmt nicht etc. (Anm. 13), S. 87 ff.; *Müller-Dietz*, Sozialarbeit (Anm. 3), S. 114; *ders.*, So- zialarbeit im Strafvollzug und in der Bewährungshilfe, MSchrKrim 56 (1973), S. 15—27 (22 ff.). Grundsätzlich Hilde *Kaufmann*, Kriminologie zum Zwecke der Gesellschaftskritik? JZ 27 (1927), S. 78—81.

ten, einlinigen Lösungen gibt, die sich gleichsam reißbrettartig entwerfen ließen. Noch immer leidet die Vollzugsdiskussion, wie sie in Theorie und Praxis geführt wird, an unzulässigen Verallgemeinerungen. Wissenschaftliche Sensibilität — von sonstiger ganz zu schweigen — ist nicht gefragt. Differenzierung, die nottäte — nicht nur dem und im Vollzug —, fehlt vielfach. Das mag damit zusammenhängen, daß ein so emotional aufgeladenes Thema wie das der Vollzugsreform selbst wissenschaftlich nur mit einiger innerer Überwindung sachlich und vorurteilsfrei zu erörtern ist. Daß uns latent vorhandene psychische Sperren daran hindern, gewohnte und überkommene Vorstellungen durch die soziale Wirklichkeit korrigieren zu lassen, ist bekannt. Daß häufig der sog. gesunde Menschenverstand und Alltagstheorien über Fachwissen triumphieren — wie viele Soziologen monieren[105] — hat darin seinen Grund. Das Phänomen der selektiven Wahrnehmung, das faktisch unser Weltbild und damit auch unsere Auffassungen vom Straftäter und vom Vollzug vor Erschütterungen zu bewahren sucht[106], gewinnt namentlich in einer Gesellschaft mit hoher Mobilität an Bedeutung, weil hier noch das subjektive Erleben des Verlustes an Sicherheit der Orientierung hinzukommt. Es liegt nahe, sich dann im Zweifel für tradierte Lösungen zu entscheiden und an bisherigen Einstellungen, die Stabilität zu verbürgen scheinen, festzuhalten[107]. Insofern ist auch das Bestreben durchaus verständlich, die komplizierte Institution Strafvollzug ihrer Komplexität zu entkleiden, den Vollzug insgesamt auf leicht überschaubare Strukturen zurückzuführen und mit griffigen Formeln einzufangen, von denen man sich gerade eine Lösung seiner vielfältigen Probleme erhofft.

Dabei übersieht man allerdings, daß solche Bemühungen gegenläufig sind zu allgemeinen gesellschaftlichen Entwicklungen, für die Zunahme an sozialer Komplexität typisch ist. Der Prozeß der Ausdifferenzierung und Spezialisierung von Teilbe-

---

[105] Über Alltagstheorien etwa *Opp*, Soziologie (Anm. 38), S. 55 ff.; *Lautmann*, Justiz — die stille Gewalt. Teilnehmende Beobachtung und entscheidungssoziologische Analyse, 1972, S. 57 ff.

[106] Vgl. *Müller-Dietz*, Massenmedien und Strafvollzugsreform, MschrKrim 57 (1974) (im Druck).

[107] Dazu — im Rahmen eines begrenzteren Themas — *Müller-Dietz*, Die Bedeutung der Arbeit im Rahmen des Behandlungsvollzuges, ZfStrVO 22 (1973), S. 125—136 (125 f.).

reichen, begleitet und gefördert von einem Zuwachs wissenschaftlicher Erkenntnisse, hat auch — freilich mit der hier charakteristischen Verspätung — vor dem Vollzug nicht haltgemacht. In der Tat gleicht er so einer immer komplexer werdenden Gesellschaft, die sich nicht mehr nur auf einige wenige Formeln reduzieren oder mit ihrer Hilfe entschlüsseln läßt. Leichter in diesem Sinne hat es etwa ein rein kustodialer Vollzug, dessen Aufgaben sich in einer sichernden Verwahrung des Gefangenen erschöpfen[108]. Er kann sein Ziel mit einem relativ begrenzten Bestand an sachlichen und personellen Mitteln erreichen. Seine Wirksamkeit läßt sich unschwer messen; seine Weiterentwicklung braucht sich nur am jeweiligen Stand der technischen Entwicklung zu orientieren. Schon die Einführung des Faktors „Arbeitserziehung" kompliziert den kustodialen Vollzug. Denn sie verpflichtet die Vollzugsanstalt zusätzlich zu sinnvoller Beschäftigung der Gefangenen und Einrichtung geeigneter Arbeitsbetriebe. Der Erfolg oder Mißerfolg eines solchermaßen organisierten Vollzuges läßt sich nicht mehr allein an der Zahl der Ausbrüche und Entweichungen ablesen; als weiterer Parameter kommt etwa die Arbeitsproduktivität hinzu, die sich wiederum in eine Vielzahl von Einzelkriterien zerlegen läßt. All das ist natürlich nicht neu; nur sucht man es immer wieder zu verdrängen.

Die Vollzugstheorie beginnt indessen — wenn auch allmählich und zögernd — davon Notiz zu nehmen, indem sie globalen Lösungsversuchen gegenüber Zurückhaltung an den Tag legt. Lange Zeit fungierte beispielsweise der inzwischen vom Stichwort zum Schlagwort heruntergekommene Ausdruck „Resozialisierung" als Schlüsselbegriff[109], obgleich doch offenkundig ist, daß der damit gemeinte Sachverhalt so unspezifisch, undifferenziert und allgemein nicht zu fassen ist. Erst die Ausbildung einer Theorie der Sozialisation, die aber wiederum eine Vielzahl von Erklärungsmöglichkeiten bereithält[110], hat die voll-

---

[108] Natürlich handelt es sich hier um eine idealtypische Beschreibung. In dieser Ausschließlichkeit kam kustodialer Vollzug — jedenfalls in der neueren Zeit — kaum vor.

[109] So explizit etwa von *Leopold*, Aufgaben des Strafvollzugs, ZfStrVO 12 (1963), S. 187—193 (188), genannt.

[110] Die einschlägige Literatur ist fast nicht mehr zu überschauen. Vgl. z. B. Der Mensch als soziales und personales Wesen. Beiträge zu Begriff und Theorie der Sozialisation. Hrsg. von *Wurzbacher*, 2. Aufl., 1968; *Habermas*,

zugswissenschaftliche Erkenntnis nachhaltig zu fördern ver-
mocht; der Prozeß der Rezeption ist allerdings noch nicht ab-
geschlossen. Lediglich auf dem Gebiet der Vollzugsaufgaben und
der Klassifizierung der Straftäter hat sich durchgängig eine Art
Problembewußtsein erhalten, wenn immer wieder daran erinnert
wird, daß es verschiedene Gruppen von Gefangenen gibt, hinsichtlich derer der Vollzug möglicherweise verschiedene Funktionen zu erfüllen habe. Aber dieses Problembewußtsein ver-
dankt sich wohl auch der ungebrochenen historischen Kontinuität der Straftheorien, die für ihre Zielsetzung nicht nur das
materielle Strafrecht, sondern auch den Strafvollzug reklamie-
ren möchten; und es erschöpft gewiß sein Thema nicht, wenn es
die allgemeinen Strafzwecke und die Heterogenität der Täter-
gruppen zu den einzigen Kriterien für die Festlegung des Vollzugsziels erhebt, ohne die organisationssoziologische Problematik der Vollzugsanstalt mitzudenken[111].

Allenthalben sind auch heute noch solche Reduktionsmechanismen am Werk; und es wäre ein Leichtes nachzuweisen, wie
sich gängige Schlüsselbegriffe und Formeln wie Behandlung und
Sicherung, Differenzierung, Klassifizierung und Vereinheitlichung des Vollzuges, Zielkonflikte und Konfliktfreiheit, Angleichung an allgemeine Lebensverhältnisse und Progression ge-
genseitig zu paralysieren drohen, wenn man sich anschickte, sie
uneingeschränkt zu verwirklichen und zu praktizieren. Entsprechendes gilt für die verschiedenen Vollzugsbereiche und sozialen Lernfelder, wie etwa Arbeit, Ausbildung und Therapie.
Kompromißlose Realisierung eines Gesichtspunktes ginge allemal zu Lasten anderer relevanter Momente. Das läßt sich an

Theorie der Sozialisation (Thesen der Vorlesung im SS 1968); *Stryzelewicz*,
Erziehung und Sozialisation, in: Einführung in die Soziologie der Erziehung. Hrsg. von *Kippert*, 1970, S. 68—92; Karola *Brede*, Die psycho-soziale
Organisation der Familie und der frühkindliche Sozialisationsprozeß, in:
Einführung usw., S. 147—173; *Fend*, Sozialisierung und Erziehung, 4. Aufl.,
1971; *Gottschalch/Neumann-Schönwetter/Soukup*, Sozialisationsforschung,
1971; *Claessens*, Anthropologische Voraussetzungen einer Theorie der Sozialisation, Zeitschrift für Soziologie 2 (1973), S. 145—162; *Rössner*, „Resozia-
lisation", Archiv für Wissenschaft und Praxis der sozialen Arbeit 4 (1973),
S. 71—98; *Deimling*, Sozialisationstheorie und rehabilitative Praxis — Zum
gegenwärtigen Stand der „Resozialisierungs"-Diskussion, in: Sozialisation
und Rehabilitation sozial Gefährdeter und Behinderter. Hrsg. von *Deimling*,
1973, S. 3—9.

[111] Charakteristisch hierfür die Auseinandersetzung mit dem Vollzugsziel
oder Behandlungsziel (vgl. die Nachw. in Anm. 50, aber auch in Anm. 5).

zahlreichen Beispielen demonstrieren, die in unterschiedlicher
Form die Regelungen des RE bestimmt haben. Weitgehende
Angleichung der Lebensbedingungen in der Anstalt an die in
Freiheit mit ihren Konsequenzen für die selbstverantwortliche
Lebensgestaltung paßt möglicherweise auf solche Straffälligen
nicht, die einer derartigen Lebensführung nicht gewachsen sind,
sie erst einmal einüben müssen. Angleichung der Arbeitsbedin-
gungen im Vollzug an die der freien Wirtschaft hieße doch
wohl hinsichtlich Art und Ausstattung der Betriebe, Arbeits-
plätze, Arbeitsleistung und Arbeitsentgelt zumindest vergleich-
bare Verhältnisse schaffen. Offenkundig müssen von diesem
Grundsatz bei jenem erheblichen Teil der Insassen Abstriche
gemacht werden, die erst einmal beruflich oder therapeutisch
gefördert werden müssen[112]. Der Gedanke der Progression, der
hier angebracht wäre, eignet sich sehr wahrscheinlich wiederum
nicht für diejenigen Gefangenen, die sozial integriert sind und
bei denen es vornehmlich gilt, Haftschäden zu vermeiden. Daß
eine differenzierte Behandlung unterschiedlichen Bedürfnissen
und Erfordernissen Rechnung zu tragen vermag, ist deshalb
allgemeine Einsicht. Ein hoher Grad an Differenzierung ist
aber offenbar nur schwer mit allgemeinen Anforderungen der
Vollzugsorganisation in Einklang zu bringen.

Schließlich hat selbst die vielfach, namentlich von den Entwürfen selbst geforderte Einbeziehung aller Sparten des Vollzugsdienstes in den Behandlungsprozeß ihren Preis. Denn sie
befreit ja den Aufsichtsdienst keineswegs von dem bisherigen
Rollenkonflikt, der aus der Konkurrenz verschiedenartiger Ziel-

---

[112] Vgl. etwa Drucksache 7/918, S. 65. Dazu näher *Müller-Dietz*, Berufsausbildung und Strafvollzug, Die Deutsche Berufs- und Fachschule 69
(1973), S. 243—254 (247, 251 f.); *ders.*, Die Bedeutung etc. (Anm. 107),
S. 133 f.
[113] Hierzu namentlich *Hohmeier*, Die Strafanstalt etc. (Anm. 23), S. 218 ff.;
ders., Thesen zur Tätigkeit des Aufsichtsbeamten im gegenwärtigen Strafvollzug, ZfStrVo 19 (1970), S. 194—202; *ders.*, Die Bedeutung des Auf-
sichtspersonals für einen modernen Behandlungsvollzug, in: Strafen und Be-
straftsein (Loccumer Protokolle 12), 1971, S. 131—140; *ders.*, Der Aufsichtsbeamte in der sozialtherapeutischen Anstalt, ZfStrVo 20 (1971), S. 14—20;
ders., Aufsicht (Anm. 27), S. 8 ff.; *Däumling/Possehl*, Selbstbild und Fremd-
bild der Aufsichtsbeamten im Strafvollzug, 1970; *Grützner*, Der Aufsichtsdienst im Spannungsfeld zwischen Resozialisierungsauftrag und Vollzugswirklichkeit, ZfStrVo 20 (1971), S. 8—14; *Schwaninger/Wagner*, Förderung der
Zusammenarbeit der Vollzugsbediensteten auf der Basis von Fortbildungs-
veranstaltungen, ZfStrVo 20 (1971/72), S. 251—262; *Gross*, Kooperation zum
Vorteil der Gefangenen, ZfStrVo 21 (1972), S. 17—22; *Rotthaus*, Ein-

setzungen innerhalb der Vollzugsanstalt folgt[113]. Zwar ent-
schärft sich jener Konflikt, wenn das Sicherheitsmoment auf das
zum Schutz der Allgemeinheit erforderliche Maß zurückgeführt
wird und die Bedeutung des offenen Vollzuges auch in quan-
titativer Hinsicht wächst. Gleichwohl sind Abwägungen zwischen Gesichtspunkten der Behandlung und Sicherheit auch in
einem Behandlungsvollzug unausbleiblich — was nicht noch
eigens mit der mehr als trivialen Erkenntnis belegt werden muß,
daß in aller Regel nur behandelt werden kann, wer sich in der
Anstalt befindet oder wenigstens von ihr aus erreichbar ist. Wenn
also das Sicherheitsmoment unbestrittenermaßen auch künftig
Bedeutung haben wird — nur eben in eingeschränkterem Umfange[114] —, dann wird es konsequenterweise von den in der
Anstalt Tätigen weiterhin berücksichtigt werden müssen. Das
gilt sowohl für diejenigen, die die Entscheidung über die Behandlung des Gefangenen zu treffen haben, als auch für diejenigen, die sie auszuführen haben. Erst recht trifft das auf einen
Behandlungsvollzug zu, dessen wesentliches Element es ist, daß
auch dem einzelnen Vollzugsbeamten mehr Entscheidungsfrei-
heit und Selbstverantwortung zukommen[115]. Von solchen Erwägungen konnte noch nicht einmal ein hierarchisch organisier-
ter Vollzug mit Monopolisierung der Entscheidungsgewalt beim
Anstaltsleiter den Aufsichtsbeamten restlos freistellen. Insofern
ist der Einwand, die Beteiligung des Aufsichtsdienstes an der
Behandlung beseitige den bestehenden Rollenkonflikt zumindest
nicht völlig, durchaus berechtigt — solange der Vollzugsanstalt
im ganzen Zielkonflikte immanent sind.

Natürlich könnte man eine Lösung dieses Problems auch auf
dem umgekehrten Wege anstreben, indem man den Aufsichtsdienst auf rein polizeiliche Sicherungs- und Überwachungsauf-
gaben beschränkt. In der Tat würde man diesem Dienst durch
eine solche Regelung jenen Rollenkonflikt ersparen. Aber damit

---

stellungsveränderung als Ziel der Ausbildung der Beamten des Aufsichtsdienstes, MSchrKrim 56 (1973), S. 182—185; *Ruprecht*, Teamarbeit der Vollzugsbediensteten, ZfStrVo 22 (1973), S. 76—82.

[114] Die Begründung zum RE (Drucksache 7/918, S. 46) spricht von einer
„notwendigen Aufgabe", der er aber „keine zentrale Bedeutung für die
Behandlung" beilegen will.

[115] Vgl. *Müller-Dietz*, Wege (Anm. 5), S. 168 ff.; *dens.*, Entscheidungs-
recht und Mitverantwortung im kommenden Strafvollzugsgesetz, ZfStrVo 20
(1971/72), S. 327—341; *Ruprecht*, Teamarbeit (Anm. 113), S. 76 ff.; vor
allem aber AE (Anm. 15), S. 59 f.

würde man verkennen, daß der Aufsichtsbeamte schon nach der DVollzO — wenn auch in begrenztem Umfange — Behandlungsfunktionen wahrzunehmen hat (vgl. Nr. 21 Abs. 2)[116]. Man kann sich überhaupt fragen, ob es — von der Untersuchungshaft einmal abgesehen — im deutschen Strafvollzug Tätigkeiten in einem statistisch relevanten Ausmaß gibt, die sich in bloßer Bewachung von Gefangenen erschöpfen. Würde man den beschriebenen Weg gehen, müßte man also — ausländischem Beispiel folgend — erst einmal einen derartigen Polizeidienst schaffen, der dann angesichts seiner Berufsrolle jedoch schwerlich den in der Öffentlichkeit hinsichtlich des Aufsichtsdienstes immer noch gebräuchlichen Charakterisierungen des „Wärters" oder „Schließers" entgehen dürfte. Man würde dann vermutlich das Konfliktproblem auf Kosten eines — andersartigen — Personalproblems lösen, weil die Erfüllung bloßer Sicherungsaufgaben sich in einem Behandlungsvollzug gewiß noch inferiorer ausnehmen würde als in einem kustodialen Vollzug. Ein solches Vorgehen hätte überdies nur Sinn, wenn der polizeiliche Dienst dann weitgehend von näherem Umgang mit Gefangenen frei- oder ferngehalten würde. Denn die Forderung, den Aufsichtsdienst pädagogisch und psychologisch zu schulen[117], bezieht doch ihre Legitimation gerade aus der Erfahrung, daß bereits in einem sinnvollen und vernünftigen Umgang mit dem Gefangenen ein Stück Behandlung liegt. Tatsächlich erscheint die Schaffung eines Polizeidienstes, wenn überhaupt, nur in Anstalten maximaler Sicherheit diskutabel, die indessen nach den Intentionen des Behandlungskonzeptes jedenfalls nicht die Regel bilden sollen.

Jedoch reicht die Problematik eines solchen Modells noch weiter. So wäre zu fragen, ob die Beseitigung des skizzierten Rollenkonflikts nicht mit zentrifugalen Tendenzen in der Vollzugsanstalt erkauft werden müßte. Die Zuweisung der Aufgaben der Behandlung und Sicherung an verschiedene und dementsprechend in sich unterschiedlich organisierte Dienste hätte

---

[116] Mitwirkung bei der Persönlichkeitserforschung und Freizeitgestaltung der Gefangenen (vgl. auch Nr. 58 Abs. 3 DVollzO; dazu etwa *Grunau*, Vollzug etc. [Anm. 10], Nr. 58 Rdnr. 1; *Grossmann*, Die Persönlichkeitsbeurteilung des inhaftierten Rechtsbrechers, 1972).
[117] Wenn etwas unumstritten ist, dann dies (vgl. die in Anm. 113 aufgeführte Lit.).

doch wohl auch den Effekt, daß jede Gruppe sich zumindest theoretisch, wahrscheinlich aber auch praktisch aus der Verantwortung für die Tätigkeit der anderen Gruppen entlassen fühlte[118]. In der Tat wäre nichts leichter für den Psychologen, wenn er sich nur um berufsspezifische Probleme der Persönlichkeitserforschung und -behandlung zu kümmern hätte, und ebenso für den Aufsichtsbeamten, wenn ihm nur die sichere Verwahrung des Gefangenen obläge. Aber die Rechnung ginge nicht auf. Spätestens dann, wenn die Wahrnehmung von Funktionen durch die eine Gruppe die der anderen tangieren würde, käme es zu den bekannten Widerständen und Reibungsverlusten. Es scheint zu den wenigen gesicherten Erfahrungen nicht nur sozialtherapeutischer Anstalten zu gehören, daß sich die Tätigkeit der Mitarbeiter einer Vollzugsanstalt einem gemeinsamen Ziel verpflichtet weiß und sich keinesfalls in einer Vielzahl gruppenegoistischer und partikularistischer Bestrebungen auflösen darf. Das Denken in Zuständigkeiten und Ressorts, das im öffentlichen Dienst sonst seinen guten Sinn hat, paßt schlecht auf ein Vollzugssystem, dem es jedenfalls primär nicht um Verwaltung, sondern um Behandlung des Gefangenen geht. Ein wesentlicher Mangel des überkommenen Vollzuges war die unzureichende Abstimmung der verschiedenen Vollzugsmaßnahmen aufeinander. Will man zu einer besseren Koordinierung gelangen, muß man auch organisatorisch und von der Aufgabenstellung her dafür sorgen, daß die verschiedenen Berufsgruppen innerhalb der Vollzugsanstalt zusammenwirken[119]. Das alles spricht eher für als gegen den Grundgedanken der Entwürfe, auch den Aufsichts- oder allgemeinen Vollzugsdienst an der Behandlung der Gefangenen zu beteiligen[120]. Problemlos ist

---

[118] Deshalb ist auch die Schaffung verschiedener Dienste nach dem Muster des KE (vor allem Psychologischer Dienst = § 150, Dienst für Erwachsenenbildung = § 151 und Sozialer Dienst = § 152) trotz der dahinterstehenden begrüßenswerten Tendenz, die Vollzugsanstalt mehr als bisher mit Fachpersonal auszustatten, problematisch (vgl. *Uhlitz*, Strafvollzugsreform [Anm. 5], S. 284; *Müller-Dietz*, Sozialarbeit in Strafvollzug und Bewährungshilfe, BewHi 19 [1972], S. 137—148 [143]; *Würtenberger*, Die Sozialarbeit in der künftigen Strafrechtspflege, BewHi 20 [1973], S. 155—169 [166]; AE [Anm. 15], S. 73).

[119] Vgl. die Zusammenarbeitsklausel des § 141 RE (dazu Drucksache 7/918, S. 96), die auf § 155 Abs. 1 KE zurückgeht. Kritisch hierzu AE (Anm. 15), S. 73.

[120] Vgl. § 147 b KE; Drucksache 7/918, S. 96; AE (Anm. 15), S. 73 f.

selbst dieses Konzept nicht, wie die Erörterung des Rollenkonflikts gezeigt hat. Es wirft zudem die — schon bis zum Über-
druß abgehandelte — Frage auf, ob und in welchem Umfange
es gelingen wird, geeignete Mitarbeiter zu finden, die den quali-
fizierten Voraussetzungen eines allgemeinen Vollzugsdienstes
entsprechen. Es ist auch durchaus zweifelhaft, ob eine solche
Tätigkeit im Rahmen eines Behandlungsvollzuges leichter ist
als die gegenwärtige, die freilich nicht nur durch Zielkonflikte,
sondern auch durch manche Unsicherheit belastet ist. Daß in
der Fachöffentlichkeit die Diskussion häufig unter gegenteiligen
Vorzeichen geführt wird — was psychologisch sehr wohl verständlich ist —, zeigt, wie rasch man bereit ist, aus Gründen
der Vereinfachung und des Selbstschutzes Probleme zu um-
gehen oder verbreitete Reduktionsmechanismen in Gang zu
setzen.

Selbst das aus einem Guß entstandene Modell des AE bleibt
von Schwierigkeiten, die aus der Komplexität des kriminal-
rechtlichen Reaktionensystems und der Vollzugsanstalt folgen,
nicht verschont. Es vermag beispielsweise die Vereinbarkeit
von Disziplinarmaßnahmen mit dem Konzept der „problemlösenden Gemeinschaft" nicht hinreichend darzutun[121]; und es
weiß auch — unter vollzugsspezifischen, nicht kriminalrecht-
lichen Gesichtspunkten[122] — nicht so recht zu begründen, weshalb neben der Vollzugsanstalt, die nach eigener Aussage des
AE „als ‚sozialtherapeutische' Anstalt" konzipiert ist, noch eine
als solche bezeichnete sozialtherapeutische Anstalt notwendig
ist.

VII.

Vergleicht man nach solchen prinzipiellen Vorbehalten und
Vorüberlegungen die verschiedenen Behandlungsmodelle miteinander, so fällt auf, daß der Grundkonsens, der die Entwürfe
eines StVG miteinander verbindet, im wesentlichen nur das
Vollzugs- oder Behandlungsziel und die wichtigsten Gestal-

[121] Der Anwendungsbereich der Disziplinarmaßnahmen, die er „Rechts-
folgen" (§ 142) für „verschuldete Verfehlungen" nennt, ist freilich nach § 140
Abs. 2 eingeschränkt (vgl. AE [Anm. 15], S. 203 ff.).
[122] Es ist klar, daß der AE unter strafrechtlichen Gesichtspunkten an der
sozialtherapeutischen Anstalt als Bestandteil des Maßregelsystems festhalten
mußte, nachdem er selbst in § 69 des AE zum Allgemeinen Teil des StGB
die Schaffung einer solchen freiheitsentziehenden Maßregel vorgeschlagen
hatte.

tungsprinzipien des Vollzuges umfaßt. Aber schon diese Feststellung geht fast zu weit. Denn sie setzt sich im Grunde über
die abweichende Stellungnahme des Bundesrates zum Vollzugsziel hinweg, wonach zwar die Rückfallverhütung als vorrangige Funktion des Vollzuges anerkannt, aber gleichzeitig
von einer Pluralität der Vollzugsaufgaben nach dem Muster der
Nr. 57 Abs. 1 DVollzO ausgegangen werden soll[123]. Jene grundsätzliche Aussage ignoriert eigentlich auch, daß der Bundesrat —
in der Sache, nicht in der Formulierung — Wiederbelebungs-
versuche am längst totgeglaubten „besonderen Gewaltverhältnis" empfohlen hat. Wie anders kann sein Vorschlag, die Rechte
des Gefangenen in § 4 Abs. 2 nicht nur durch die im StVG
enumerativ und als solche aufgeführten Eingriffsbefugnisse der
Vollzugsbehörden einzuschränken, sondern sie einem generellen
Eingriffsvorbehalt zu unterstellen, verstanden werden?[124] Wird
nämlich den Vollzugsbehörden neben den Spezialvollmachten
des StVG eine solche Generalvollmacht eingeräumt, die — wie
gehabt — auf die „Aufrechterhaltung der Sicherheit oder Ordnung der Anstalt" zielt, dann muß man sich fragen, ob damit
nicht der Beschluß des BVerfG vom 14. 3. 1972 unterlaufen
würde, dem es doch ersichtlich auf eine klare Fixierung der
Rechte und Pflichten des Gefangenen angekommen ist. Indessen
ist dieser „Rückfall" im rechtsstaatlichen Bereich nur symptomatisch für eine Gesamttendenz, die auch auf sozialstaatlichem Gebiet Zurückhaltung beobachtet.

Doch abgesehen davon, stimmen die Entwürfe im Ansatz
großenteils überein[125]. So gehen sie durchweg vom Ziel der
Rückfallverhütung aus, sehen die (Wieder-)Eingliederungshilfe,

---

[123] Während § 3 KE und § 2 RE insoweit übereinstimmend die Rückfallverhütung als Behandlungsziel nennen, will der Bundesrat die Gesichtspunkte
der Weckung von Schuldeinsicht, der Hinführung zu selbstverantwortlichem
Verhalten und des Schutzes der Allgemeinheit als Aufgaben des Vollzuges im
StVG verankert wissen (vgl. Drucksache 7/918, S. 108; dazu *Müller-Dietz*,
Strafzumessung [Anm. 53], S. 7). Er trägt damit zumindest teilweise den von
den Kritikern des RE (vgl. die Hinweise in Anm. 50) vorgebrachten Bedenken Rechnung.
[124] Vgl. Drucksache 7/918, S. 109. Mit Recht abl. die Gegenäußerung der
Bundesregierung (a. a. O. S. 132) und *Schüler-Springorum*, ZStW 1973,
S. 930 (Anm. 12).
[125] Läßt man einmal beiseite, daß der AE (Anm. 15), S. 55, Bedenken
gegen die Klausel des § 2 RE hegt, wonach der Gefangene dazu befähigt werden soll, „in sozialer Verantwortung ein Leben ohne Straftaten zu führen"
(insoweit übereinstimmend die Stellungnahme des Bundesrates, vgl. Druck-

eine — weitgehende — Angleichung der Lebensbedingungen in der Vollzugsanstalt an die Lebensverhältnisse in Freiheit sowie die Vermeidung von Haftschäden als Gestaltungsmaximen des Vollzuges an[126]. Die entscheidenden Divergenzen liegen vielmehr in der unterschiedlichen Konkretisierung jener Grundsätze. Genau das ist aber das zentrale Thema der Entwürfe zum StVG, dessen Dilemma nicht so sehr im rechtsstaatlichen Bereich der Rechtsstellung des Gefangenen als vielmehr auf dem Gebiet rückfallverhütender Behandlung liegt. Hier hat auch die latente Kontroverse um normative Askese oder detaillierte Regelung ihren Ort. Dabei geht es nicht nur — wie man meinen könnte — um ein legislatorisches Problem, sondern zugleich um eine Grundfrage des Behandlungsvollzuges, auf dessen Verwirklichung man sich doch im Grundsatz geeinigt hat.

Das beginnt bereits im rechtsstaatlichen Bereich der Ermächtigungen und Eingriffsbefugnisse der Vollzugsbehörden, der als „Vorfeld" oder Rahmenbedingung des Behandlungsvollzuges von diesem selbst nicht abgelöst werden kann. Freilich sind hier die Unterschiede zwischen den Entwürfen wohl mehr gradueller als qualitativer Natur. Das Begriffspaar „Sicherheit und Ordnung", das der RE — und übrigens auch der KE — im Anschluß an ältere Vollzugsregelungen weiterhin als normatives Blankett bevorzugt[127], ist im AE durch ebenso einschränkende wie differenzierende Klauseln ersetzt worden. Da ist beispielsweise von Maßnahmen gegen erhebliche Beeinträchtigungen der Sicherheit (§ 119 Abs. 2 Nr. 1) oder der Sicherheit der Anstalt oder gegen grobe Störungen des Zusammenlebens (§ 119 Abs. 2 Nr. 2) die Rede. Nur die Überschrift des 5. Abschnittes knüpft noch einmal an das traditionelle Begriffspaar „Sicherheit und Ordnung" an. Offenbar ist dafür die Sorge maßgebend gewesen, diese Generalklausel könne wegen ihrer Weite und Unbestimmtheit dazu herhalten, den Enumerativkatalog der Rechts-

---

sache 7/918, S. 108), und sieht man davon ab, daß die Zweckbestimmung des § 2 Abs. 1 AE (Wiedereingliederung, dazu kritisch *Müller-Dietz*, Strafzwecke [Anm. 47], S. 60 Anm. 148) sich jedenfalls nicht an entsprechender Stelle im KE und RE findet. § 2 Abs. 2 AE stellt ein Novum dar.

[126] Vgl. § 3 a KE, § 3 RE, § 3 AE.

[127] Kritisch zu dieser Tendenz namentlich *Baumann*, Sicherheit und Ordnung in Vollzugsanstalten? 1972; *ders.*, Sicherheit und Ordnung in der Anstalt, in: Festschr. f. Maurach, 1972, S. 561—576. Zurückhaltender *Müller-Dietz*, Strafvollzugsrecht und Strafvollzugsreform, MSchrKrim 55 (1972), S. 19—32 (30).

54

beschränkungen zu sprengen, wenn nicht gar den Behandlungsvollzug tangieren. Insofern verdanken sich die rechtlichen
Überlegungen, die hinter den Vorschlägen des AE stehen, zumindest teilweise konkreten Vorstellungen über das Behandlungskonzept selbst[128]. Die Erweiterung des Freiheits- und
Handlungsspielraumes des Gefangenen wird hier als eine un-
mittelbare Konsequenz des Grundsatzes begriffen, die Lebensverhältnisse in der Anstalt möglichst weitgehend an die außerhalb herrschenden anzugleichen, sie findet also im Hinblick
auf die und zum Zwecke der Behandlung statt. Demnach bestimmen schon im rechtsstaatlichen „Vorfeld" unterschiedliche
Betrachtungsweisen die Entwürfe: Während die Eingriffsermächtigungen des RE von der Sorge um die Institution, das
Funktionieren der Vollzugsanstalt getragen sind, werden die
Liberalisierungstendenzen des AE primär von dem Bestreben
geleitet, einen rechtlichen und organisatorischen Rahmen zu
schaffen, der ein Behandlungsklima ermöglicht und Voraussetzung für die Entstehung einer „problemlösenden Gemeinschaft" ist.

Nur in einem — und zudem nicht unproblematischen —
Punkt gibt es hier gewisse Übereinstimmungen zwischen den
Entwürfen. So sehen sie durchweg im Zusammenhang mit Regelungen, die dem Schutz von Sicherheit und Ordnung dienen
sollen, auch Möglichkeiten der Rechtsbeschränkung aus Behandlungsgründen vor. Auf diese Weise werden präventivpolizei-
liche Gesichtspunkte der Gefahrenabwehr gekoppelt mit päd-
agogisch-therapeutisch motivierten Eingriffsermächtigungen.
Das soll etwa für die Überwachung des Besuchs- und Schriftverkehrs gelten. Nach § 26 Abs. 1 Satz 1 RE sollen Besuche, nach
§ 28 Abs. 2 RE soll der Schriftwechsel „aus Gründen der Behandlung" überwacht werden dürfen[129]. Entsprechende Regelungen finden sich — in allerdings stark eingeschränkter Form
— im AE (§§ 111 Abs. 1 Satz 1, 114 Abs. 2 Satz 1, 119 Abs. 2
Nr. 3). Der AE geht hier insofern noch über den RE hinaus, als

[128] Vgl. die Beiträge von *Baumann* (Anm. 127) und AE (Anm. 15),
S. 183 ff.
[129] Ebenso hinsichtlich des Besuchsverkehrs § 28 Abs. 1 Satz 1 KE. Dagegen sieht die KE keine Überwachung des Briefwechsels aus Gründen der
Behandlung vor (vgl. § 30 Abs. 2 Satz 1).) Daß darin ein prinzipielles Problem gesehen werden könnte, lassen die Begründungen zum RE und AE nicht
erkennen.

er das Recht des Gefangenen, „mit Personen außerhalb der Anstalt zu verkehren", nur gewährleisten will, „soweit dies dem
Vollzugsziel dient" (§ 108 Satz 2). Daß darin ein gewichtiger
Vorbehalt liegt, über dessen Notwendigkeit man durchaus ge-
teilter Meinung sein kann, läßt sich schwerlich bezweifeln[130].
Aber man wird insoweit noch grundsätzlicher fragen müssen, ob
jene Überwachungsmaßnahmen, die aus Behandlungsgründen,
aber gegen den Willen des Gefangenen sollen getroffen werden
können, überhaupt mit dem Behandlungskonzept, das ja gerade
auf Herstellung eines Vertrauensverhältnisses und auf enge
Zusammenarbeit zwischen Gefangenen und Anstaltsangehörigen abzielt, zu vereinbaren sind. Soll — um im Beispiel zu
bleiben — ein Besuch gegen den Willen des Gefangenen nur
deshalb überwacht werden dürfen, weil man darin — im Einzelfall natürlich — ein taugliches Mittel der Behandlung sieht?
Wäre es nicht systemkonformer, in solchen Fällen auf eine
Verständigung mit dem Gefangenen hinzuarbeiten, so daß es
der vom RE vorgesehenen Konfliktregelung gar nicht be-
dürfte?[131] Gewiß wäre auch ein Verzicht auf Eingriffsbefugnisse, die ausschließlich mit Behandlungsgesichtspunkten gerechtfertigt werden, nicht unproblematisch; aber er könnte dazu
beitragen, die Überwachungsmaßnahmen in jenen Fällen auf
ihren eigentlichen präventivpolizeilichen Kern zurückzuführen.
Die Zurückhaltung, die der AE insoweit mit seiner überaus
vorsichtigen Regelung an den Tag legt, läßt jedenfalls erkennen,
daß man die Problematik solcher Eingriffsmöglichkeiten empfunden hat. Selbst hier werden also noch die verschiedenartigen
Ansätze der Entwürfe sichtbar.

Diese Bestrebungen setzen sich in noch stärkerem Maße im
sozialstaatlichen Bereich der Behandlungsvoraussetzungen, vor
allem in der Ausgestaltung der organisatorischen, personellen

---

[130] Den Grundsatz, den Verkehr mit Personen außerhalb der Anstalt im
Hinblick auf das Behandlungs- oder Vollzugsziel zu fördern, enthalten sowohl der KE (§ 25 Satz 1) als auch der AE (§ 108 Satz 1). Ob schon darin
eine Einschränkung liegt, mag zweifelhaft sein. Sicher ist die Voranstellung
der Förderungsklausel — entgegen § 23 RE — zu begrüßen. Die im Text zi-
tierte Fassung des § 108 AE hingegen muß wohl als Restriktion verstanden
werden.
[131] Dabei erscheinen die einschlägigen Regelungen des AE immer noch
insofern systemgerechter, als sie von dem grundsätzlichen Vorbehalt des
§ 108 Satz 2, den der RE nicht kennt, getragen werden.

und baulichen Struktur der Vollzugsanstalt, fort. Hier sind denn auch die Unterschiede zwischen den Entwürfen am stärksten. Auf der einen Seite fällt die normative Askese des RE auf, der die Rahmenbedingungen eines Behandlungsvollzuges nur andeutungsweise und teilweise vage formuliert. Die Gründe für diese Zurückhaltung liegen in der bereits beschriebenen Skepsis des RE gegenüber dezidierten Aussagen zum Behandlungsvollzug und auch in der damit verbundenen finanziellen Problematik. Noch am ehesten werden Veränderungen in der Gliederung der Vollzugsanstalt annonciert. Die Schaffung überschaubarer Behandlungs- und Betreuungsgruppen (§ 130 Abs. 2) soll einen individualisierenden sozialpädagogischen Vollzug ermöglichen[132]. Freilich schreibt bereits die DVollzO die Bildung von Gruppen — wenn auch durch bloße Sollvorschrift — vor (vgl. Nr. 60 Abs. 2); und weiter fehlt es an einer inhaltlichen Konkretisierung des „Gruppenvollzuges" im RE. Entsprechend allgemein gehalten ist die Aussage zur Größe der Vollzugsanstalt (§ 130 Abs. 1); lediglich für sozialtherapeutische Anstalten und Frauenstrafanstalten wird eine zahlenmäßige Begrenzung auf 200 Plätze vorgesehen (§ 130 Abs. 3), die indessen nach dem AE allgemein, d. h. für sämtliche Vollzugsanstalten gelten soll (§ 8 Abs. 1)[133]. Als Konzessionen an den Istzustand und an Finanzierungsschwierigkeiten sind auch eine Reihe von Regelungen aus den Bereichen der Unterbringung und des Aufnahmeverfahrens zu verstehen. So hat man im RE mit Rücksicht auf die Zahl der vorhandenen Haftplätze Abstriche vom strikten Gebot der Einzelunterbringung bei Nacht vorgenommen (vgl. § 18 Abs. 2 Satz 2) und will Ausnahmen vom Verbot der Überbelegung einer Anstalt zulassen (§ 133 Abs. 2)[134]. Im Hin-

---

[132] Eine Festlegung der Größe hält der RE für unmöglich: „die Bedürfnisse sind unterschiedlich je nach der Eigenart der Gefangenen und der Aufgabe der Gruppe" (Drucksache 7/918, S. 93).
[133] Nicht zuletzt im Hinblick auf die personelle Ausstattung der Anstalt. Der AE (Anm. 15) geht bei einer Zahl von 200 Insassen davon aus, daß sich dann ca. 400 Personen in der Anstalt befinden (S. 65). Für eine Begrenzung auf 200 Plätze auch *Krebs*, Soziale Hilfe im Freiheitsentzug, Gefährdetenhilfe 14 (1972), S. 25—28 (26).
[134] So schon freilich §§ 19 Abs. 2, 138 a Abs. 2 KE (Überbelegung allerdings unter engeren Voraussetzungen). Die Begründung tendiert eher in die gegenteilige Richtung: „Überbelegungen müssen auch aus Gründen der Behandlung vermieden werden, denn die Erfahrungen in der Vergangenheit haben gezeigt, daß jede Überbelegung die Behandlungsarbeit in den Anstalten wirkungslos macht oder zumindest stört" (Drucksache 7/918, S. 93).

blick auf die bestehende Personallage hat man etwa davon abgesehen, nach dem Vorbild des § 7 Abs. 1 KE eine zeitliche Befristung des Aufnahmeverfahrens ins Gesetz aufzunehmen[135]. Wollte noch der KE den Gefangenen an der Planung seiner Behandlung beteiligten (§ 4 Abs. 1 Satz 1), so will der RE dem Gefangenen insoweit lediglich ein Recht auf Erörterung einräumen (§ 6 Abs. 2)[136]. Daß die Bestimmung über die Einrichtung moderner, zweckentsprechender Arbeitsbetriebe (§ 136) bis zur Inkraftsetzung der Vorschriften über Arbeit und berufliche Bildung (§§ 37 ff.) mehr eine Zielvorstellung als eine normativ verbindliche Handlungsanweisung verkörpert, sagt die Begründung zum RE ausdrücklich[137]; konsequenter wäre es allerdings gewesen, auch § 136 zu suspendieren. Der allseits, namentlich seit dem Deutschen Juristentag von 1970 vertretenen Forderung nach vollzugsbegleitender kriminologischer Forschung (wissenschaftlicher Erfolgskontrolle und Überprüfung der Behandlungsmethoden) sucht zwar auch der RE Rechnung zu tragen; er tut dies aber in einer Weise, die praktisch sämtliche Detailfragen, vor allem die Organisation dieser Forschung, offenläßt (vgl. § 152). Konkretisierungen glaubt der RE erst vornehmen zu können, „wenn ein wirtschaftlich vertretbares und wirkungsvolles System entwickelt ist und Klarheit über die zu erhebenden Tatsachen und Erkenntnisse besteht[138]". Das erinnert ein wenig an die von Nr. 59 DVollzO vorgesehenen Richtlinien über die Einrichtung eines kriminologischen Dienstes, die jedenfalls bundeseinheitlich nie erlassen worden sind.

Die Gefangenenmitverantwortung, das demokratische Gegenstück zur therapiebezogenen Mitwirkung in Behandlungsangelegenheiten, will der RE gleichfalls in einer Weise normieren, die verschiedensten Möglichkeiten Raum gibt — äußerstenfalls sogar der Möglichkeit, daß es eine solche Mitverantwortung der Gefangenen überhaupt nicht gibt (vgl. § 147)[139]. Auch dafür hält der RE das Argument parat, daß „erst Erfahrungen gesam-

---

[135] So die Begründung (Drucksache 7/918, S. 48).
[136] Damit will der RE den Fällen fehlenden Einverständnisses des Gefangenen Rechnung tragen (Drucksache 7/918, S. 46 f.).
[137] Drucksache 7/918, S. 94.
[138] Drucksache 7/918, S. 98.
[139] Bloße Sollvorschrift, die auf Grund der Umschreibung des „mitverantwortungsfähigen" Bereichs wenigstens in eine zwingende Regelung umgewandelt werden müßte (vgl. Vorschläge [Anm. 12], S. 52 f.).

58

melt werden müssen"[140]. Dem korrespondiert auf der Seite des Personals eine Organisationsregelung, die zunächst von der traditionell monokratischen Leitung und hierarchischen Struktur der Vollzugsanstalt ausgeht und lediglich Möglichkeiten für die Einführung einer Art Konferenzverfassung oder kollegialen Anstaltsleitung eröffnen will (§ 143 Abs. 2 Satz 2). Dies geschieht, obgleich der RE nach eigener Aussage die Mitverantwortung aller in der Vollzugsanstalt Tätigen stärken und sie zur Zusammenarbeit im Hinblick auf das Behandlungsziel verpflichten will (§ 141 Abs. 1)[141]. Ebenso wie der RE Größe und Gliederung der Vollzugsanstalt nur ganz allgemein auf das Behandlungsziel bezieht, beschränkt er sich hinsichtlich der personellen Ausstattung auf eine Generalklausel, die die erforderlichen Berufsgruppen, namentlich die Fachkräfte, lediglich beispielhaft und ohne zahlenmäßige Festlegung nennt (§ 142 Abs. 2)[142]. Die Ersetzung des Aufsichtsdienstes alter Prägung, der vornehmlich für die Sicherheit und Ordnung in der Anstalt zuständig ist, durch einen allgemeinen Vollzugsdienst soll zwar dokumentieren, daß auch diese Berufsgruppe an der Behandlung des Gefangenen beteiligt werden soll (vgl. § 142 Abs. 2); § 147 b Satz 1 KE hatte das ja noch ausdrücklich gesagt. Indessen konkretisiert der RE die angestrebte Änderung der Berufsrolle an keiner Stelle[143] — wie überhaupt die Zuschreibung und Beschreibung von Behandlungsaufgaben nach dem Beispiel des AE (vgl. §§ 72, 76, 78, 79) fehlen. Dementsprechend enthält der RE auch keine Hinweise auf Gruppenarbeit mit dem Anstaltspersonal und fachliche Beratung im Einzelfall (Supervision), wie sie wiederum im AE zu finden sind (vgl. § 32). Hierzu paßt es,

---

[140] Drucksache 7/918, S. 97.
[141] Vgl. Begründung (Drucksache 7/918, S. 96 f.). Weitergehend auch hier wiederum Vorschläge (Anm. 12), S. 42 ff.
[142] Wobei das Problem nicht in der beispielhaften Aufzählung liegt — eine abschließende wäre in der Tat schwerlich sinnvoll (so richtig Drucksache 7/918, S. 96) — als vielmehr in der fehlenden zahlenmäßigen Zuordnung.
[143] Lediglich in der Begründung heißt es: „Der Entwurf geht davon aus, daß es keine auf reine Bewachungsfunktionen beschränkte Bedienstete mehr geben darf, daß vielmehr gerade dem Einfluß derjenigen Personen, die in ständigem und unmittelbarem Kontakt mit den Gefangenen stehen, für die Behandlung große Bedeutung zukommt" (Drucksache 7/918, S. 96). Über die Aufsichtsbeamten wird dann gesagt, daß „deren Arbeit in zunehmendem Maße als ein sozialer Dienst verstanden wird" (a. a. O.) Uhlitz, Strafvollzugsreform (Anm. 5), S. 284, spricht vom „Sozialhelfer".

daß der RE selbst die ohnehin schon vage und allgemein gehaltene Vorschrift des KE über die Eignung, Ausbildung und Fortbildung der im Vollzug Tätigen (§ 146 Abs. 2) als entbehrlich gestrichen hat[144]. Freilich stehen hinter der Zurückhaltung des RE im Personalsektor auch verfassungsrechtliche Überlegungen zur Verteilung der Gesetzgebungszuständigkeit auf dem Gebiet des Beamtenrechts; er glaubte sich daher auf Grund des Art. 75 Abs. 1 Nr. 1 GG an relativ enge Grenzen gebunden[145]. Das hatte ja seinerzeit schon die Strafvollzugskommission zu dem Vorschlag veranlaßt, von ihr entwickelte Vorschriften „beamtenrechtlichen Inhalts" „in andere beamtenrechtliche Regelungen aufzunehmen"[146]. Freilich kann man daran zweifeln, daß die Schranken, die sich KE und RE insoweit gezogen haben, bereits die der Verfassung sind. Das gilt namentlich für Vorschriften, die sog. Schlüsselzahlen (im Hinblick auf die Vollzugsanstalt, Abteilung oder Wohngruppe) festsetzen; und das trifft wohl auch auf Regelungen zu, die die Auswahl, Ausbildung und Fortbildung der im Vollzug Tätigen betreffen[147]. Die Behauptung, das Beamtenrecht trage den besonderen Erfordernissen der Tätigkeit im Vollzugsbereich hinreichend Rechnung, darf zumindest mit einem Fragezeichen versehen werden. Auf keinen Fall sollte man aber die „Plakat- oder Signalwirkung" übersehen, die von einer entsprechenden vollzugsgesetzlichen Regelung ausginge.

Sachliche Unterschiede gegenüber der jetzigen Rechtslage und Praxis werden indessen bei der Bestimmung des Verhältnisses von offenem und geschlossenem Vollzug sichtbar. Erstmals soll Gefangenen bei Eignung ein Rechtsanspruch auf Unterbringung im offenen Vollzug eingeräumt werden (§ 10 Abs. 1). Der RE knüpft damit im Grundsatz an ähnliche Vorstellungen des KE an (vgl. § 11 Abs. 2), die sich bereits von der Erkenntnis haben leiten lassen, daß auf geschlossenen Vollzug aus Behandlungsgründen, namentlich zur Erweiterung der Lernmöglichkeiten und Testsituationen, verzichtet werden sollte, wo immer es

---

[144] So Begründung (Drucksache 7/918, S. 96).
[145] Vgl. Drucksache 7/918, S. 95.
[146] Vgl. KE (Anm. 5), S. 45 f. (§§ a—e).
[147] In diese Richtung gingen schon meine Überlegungen in: Strafvollzugsgesetzgebung (Anm. 13), S. 191. Entschiedener freilich der AE (vgl. §§ 30, 31). Vgl. ferner *Schüler-Springorum*, ZStW 1973, S. 922 ff. (Anm. 12); *Müller-Dietz*, Strafzwecke (Anm. 47), S. 52 Anm. 131; Vorschläge (Anm. 12), S. 40 f.

mit der Sicherheit der Allgemeinheit vereinbar erscheint[148]. Bemerkenswert an dieser Regelung ist, daß sie auf jenen Schematismus der Progression verzichtet, der — nach Art des überkommenen Stufenstrafvollzuges — die Aufnahme in den offenen Vollzug von einer bestimmten Dauer der Unterbringung im geschlossenen Vollzug abhängig macht. Ein Novum von vergleichbarem Gewicht bildet die Vorschrift des § 9 Abs. 1, die die Verlegung eines Gefangenen in eine sozialtherapeutische Anstalt für den Fall gestatten will, daß „die besonderen therapeutischen Mittel und sozialen Hilfen einer solchen Anstalt zu seiner Resozialisierung angezeigt sind". Allerdings unterläuft sie in der Sache zumindest teilweise den Grundsatz der Zweispurigkeit, auf dem unser Strafrecht bekanntlich fußt; und sie wirft erneut die vieldiskutierte Frage auf, ob die sozialtherapeutische Anstalt nicht besser als besondere Vollzugsform statt als freiheitsentziehende Maßregel konzipiert werden sollte, etwa weil entsprechende Behandlungsbedürfnisse erst im Laufe des Freiheitsentzuges hervorzutreten pflegen. Aber der grundsätzliche Konsens der Entwürfe in dieser Frage (vl. § 10 KE, § 54 Abs. 1 AE) zeigt doch wohl, daß man um einer flexiblen Handhabung willen Inkonsistenzen des Sanktionensystems hinzunehmen bereit ist, wenn dadurch eine mehr oder weniger begrenzte Austauschbarkeit der verschiedenen Arten des Freiheitsentzuges erreicht werden kann[149].

Behandlungsgesichtspunkte tragen auch die Regelung, die eine Aufnahme in eine sozialtherapeutische Anstalt auf freiwilliger Grundlage ermöglichen will (§ 112 Abs. 1). Diese Maßnahme der sog. Krisenintervention setzt nach dem RE jedoch voraus, daß es sich um einen Entlassenen handelt, der zuvor in der

---

[148] Freilich stellt der RE nicht nur auf das Fehlen einer Entweichungs- und Mißbrauchsgefahr ab, sondern setzt auch die Eignung des Gefangenen für den offenen Vollzug voraus (vgl. Drucksache 7/918, S. 51). Der AE (Anm. 15) kennt einen solchen Rechtsanspruch nicht, wenngleich wenigstens seine Begründung davon ausgeht, „daß die Mehrzahl der Insassen in Anstalten des offenen Vollzuges... oder in offenen Abteilungen untergebracht wird" (S. 127).
[149] Die Begründungen zu den Entwürfen äußern sich nicht zur Problematik der Zweispurigkeit, dagegen zur Frage, ob die Einweisung in eine sozialtherapeutische Anstalt als Vollzugsmaßnahme ausgestaltet werden (so RE, vgl. Drucksache 7/918, S. 50 f.), in die Zuständigkeit des Vollzugsgerichts fallen oder zumindest dessen Zustimmung erfordern soll (so AE [Anm. 15], S. 119 ff.).

sozialtherapeutischen Anstalt, nicht jedoch in einer Vollzugsanstalt untergebracht gewesen ist. Anders als der KE (§ 68 a
Abs. 1) und als der AE (§ 69 Abs. 1), der überdies auch noch
das *Verbleiben* in der Anstalt auf freiwilliger Grundlage erlauben will, lehnt es der RE ab, jene Regelung auf die übrigen An-
staltsarten auszudehnen. Offenbar erkennt er ein sachliches
Bedürfnis für eine solche Ausweitung nicht an[150] — was den
gefährlichen Schluß zulassen könnte, daß man den Anstalten
des sog. Normalvollzuges nicht die Herstellung von Vertrauens-
beziehungen zutraut, die allein Grundlage einer Rückkehr des
Entlassenen in die Anstalt sein können.

Im Bereich der Differenzierung der Vollzugsanstalten begnügt sich der RE mit dem Gebot, verschiedene Anstalten
oder Abteilungen einzurichten, „in denen eine auf die Bedürfnisse des einzelnen Gefangenen abgestimmte Behandlung gewährleistet ist" (§ 128 Abs. 1); der Bundesrat hat hierzu un-
widersprochen angemerkt, daß ein solches Maß an Individua-
lisierung weder notwendig noch erreichbar sei[151]. Von einer
Verpflichtung der Landesjustizverwaltungen nach dem Vorbild
des KE, bestimmte Arten von Vollzugsanstalten mit besonderen Schwerpunkten einzurichten (§ 134 Abs. 1), hat der RE bewußt abgesehen. Er geht zwar davon aus, daß eine weitergehende Differenzierung erforderlich ist, glaubt sie aber im einzelnen nicht vorschreiben zu können: „Die Differenzierung
muß ... örtliche Gegebenheiten möglichst ausnutzen und ent-
zieht sich deshalb einer allgemeinen Regelung[152]." Freilich hat
auch der AE darauf verzichtet, die Errichtung sog. Schwerpunkt-
anstalten nach dem Muster des KE vorzuschlagen, und statt
dessen einen anderen Weg gewählt[153]. Aber das ändert nichts
an dem Gesamteindruck, daß der RE auch insoweit — was das
Maß an Konkretisierung anlangt — hinter den übrigen Entwürfen zurückbleibt.

Zurückhaltung zeigt der RE ebenso bei der Regelung des
Aufsichtswesens. Danach steht lediglich fest, daß die Aufsicht

[150] Die Begründung zum RE schweigt sich hierüber aus. Kritisch indessen
AE (Anm. 15), S. 137.
[151] Vgl. Drucksache 7/918, S. 125.
[152] Drucksache 7/918, S. 92.
[153] Etwa Bildung von Schwerpunkten auf Abteilungsebene (vgl. AE
[Anm. 15], S. 63). Ähnlich *Müller-Dietz*, Organisation (Anm. 14). Grundsätzlich für die Lösung des KE Vorschläge (Anm. 12), S. 34 f.

über die Vollzugsanstalten den Landesjustizverwaltungen ob-
liegen soll — wie es ja bisheriger Rechtslage und Praxis entspricht. Hinsichtlich der Organisation der Aufsicht enthält der
RE nur die allgemeine Ermächtigung, Justizvollzugsämter als
Mittelinstanzen einzurichten (§ 138 Abs. 1 Satz 2)[154]. Auch hier
scheut der RE — im Gegensatz zum AE — detailliertere Festlegungen: «Der Entwurf läßt einen unterschiedlichen Aufbau
der Aufsichtsbehörden in den Ländern zu, damit auch in der
weiteren Fortentwicklung des Vollzuges der jeweils wirkungs-
vollste Verwaltungsaufbau gewählt werden kann[155].»

Zu den äußeren Rahmenbedingungen, die der RE dem Behandlungsvollzug setzen will, gehören nur zum Teil Hinweise auf
die Vorbereitung und Ausgestaltung der Behandlung selbst.
Hier ist die normative Askese aus den eingangs erwähnten
Gründen am augenscheinlichsten. Am Anfang soll eine den Erfordernissen der Behandlung entsprechende Persönlichkeitserforschung stehen (§ 6), die dann die Grundlage für den Voll-
zugsplan abzugeben hat (§ 7 Abs. 1). Insoweit konnte der RE
sich auf einschlägige Regelungen der DVollzO stützen (Nr. 58),
die jedenfalls im Prinzip weitgehende Zustimmung erfahren
haben[156]. Was dann aber im Rahmen der Behandlung zu geschehen hat, was als solche figuriert, läßt der RE weitgehend
offen. Die — vielfach befürwortete — Gliederung des Ablaufs
in drei Phasen, an dessen Anfang ein, zumindest gegenüber der
früheren Praxis neuartiger Aufnahmevollzug und an dessen
Ende ein dem Übergang in die Freiheit dienender Entlassungsvollzug stehen sollen[157], wird nur in Umrissen, nämlich in den
Vorschriften über die Behandlungsuntersuchung (§ 6) und die
Entlassungsvorbereitung (§ 15), sichtbar; sie läßt sich freilich
nur in Grenzen normieren. Die Regelung der sozialen Hilfe,
die anstelle der noch von der DVollzO so genannten „Für-

---

[154] Die Begründung spricht zwar von der „Möglichkeit, zentrale Justizvollzugsämter zu bilden" (Drucksache 7/918, S. 94); die Textfassung läßt
aber erkennen, daß jedenfalls keine Vollzugsämter gemeint sind, die „als
selbständige Abteilungen" der Landesjustizverwaltungen fungieren sollen
(so § 33 Abs. 3 AE [Anm. 15], S. 95).
[155] Drucksache 7/918, S. 94.
[156] Dazu etwa *Müller-Dietz*, Persönlichkeitserforschung im Strafvollzug,
MschrKrim 52 (1969), S. 194—214; *Grunau*, Vollzug (Anm. 10), Rdnr. 1 und
2 zu Nr. 58.
[157] Vgl. z. B. *Grunau*, Vollzug (Anm. 10), Rdnr. 5 zu Nr. 58 DVollzO.

sorge durch soziale Hilfe"[158] treten soll, läßt allerdings durch ihre Dreiteilung in „Hilfe bei der Aufnahme" (§ 65), „Hilfe während des Vollzuges" (§ 66) und „Hilfe zur Entlassung" (§ 67) Anklänge an jenes Konzept erkennen[159]. Konsequent ist es indessen in keinem Entwurf durchgeführt — vermutlich um die einzelnen Phasen des Freiheitsentzuges nicht allzu starr und schematisch festzulegen. Insofern kommen Aussagen zur inhaltlichen Ausgestaltung der Behandlung — neben den Vorschriften über den Aufnahme- und den Entlassungsvollzug — entscheidende Bedeutung zu. Da derartige Hinweise, namentlich sozialpädagogischer und (sozial-)therapeutischer Natur, im RE weitgehend ausgespart bleiben, werden Arbeit, berufliche Bildung und — bis zu einem gewissen Grade auch — soziale Hilfe zu den Säulen des Behandlungsvollzuges im Entwurf[160]. Dabei macht gerade die Regelung der Arbeit und beruflichen Bildung die Komplexität und Kompliziertheit des Gegenstandes deutlich — paradigmatisch für die ganze Vollzugsanstalt im Sinne der bereits angestellten grundsätzlichen Überlegungen. So sucht der RE Art und Ausgestaltung der Arbeit freien Lebensbedingungen möglichst weitgehend anzugleichen. Dementsprechend will er etwa die Aufgabe der Arbeit (§ 37 Abs. 1), die Arbeitszuweisung (§ 37 Abs. 2), die Organisation der Arbeitsbetriebe (§ 136) und die Höhe des Arbeitsentgelts, auf das erstmals ein Rechtsanspruch eingeräumt werden soll (§ 40 Abs. 1), bestimmen. Andererseits ist er sich darüber im klaren, daß er die Anforderungen und Chancen der Leistungsgesellschaft für jenen zahlenmäßig recht erheblichen Personenkreis reduzieren muß, der infolge von Ausbildungsmängeln oder auf Grund anderer sozialer Defizite zumindest vorerst keine entsprechenden Ar-

---

[158] Achter Titel: Fürsorge durch soziale Hilfe (Nr. 130—134).
[159] Ebenso im Prinzip §§ 66, 67, 67 a KE.
[160] Eine ähnliche Wertung in AE (Anm. 15), S. 139. Vgl. schon *Calliess*, Arbeit und Erwachsenenbildung — Strafvollzug als Teil des Bildungssystems der Gesellschaft, in: Die Strafvollzugsreform (Anm. 5), S. 135—143; *dens.*, Ein neues Konzept für den Strafvollzug, in: Strafvollzug. Hrsg. von *Kleinert*, 1972, S. 33—40; Rudolf *Schmitt*, Der Alternativ-Entwurf eines Vollzugsgesetzes zu den mit der Gefangenenarbeit verbundenen Fragen, JZ 27 (1972), S. 305—309; *Müller-Dietz*, Berufsausbildung (Anm. 112), S. 251 f.; *dens.*, Die Bedeutung etc. (Anm. 107), S. 133 f.; *dens.*, Berufliche Bildung im Strafvollzug, in: Strafvollzug und Pädagogik 14 (1973), S. 110—123. Zu Fragen der Erwachsenenbildung namentlich *Krebs*, Zur Entwicklung der Erwachsenenbildung in deutschen Strafanstalten, ZStW 84 (1972), S. 559 bis 584.

beitsleistungen erbringen kann. Für diese Gefangenen sieht der RE berufliche Bildung (§ 37 Abs. 3) bzw. Arbeitstherapie vor (§ 37 Abs. 5). Auch der Fall einer — erneuten — wirtschaftlichen Rezession mit Verschlechterung der Arbeitsmarktlage ist normativ einkalkuliert; dann sollen die arbeitsfähigen Gefangenen wenigstens eine angemessene Beschäftigung erhalten (§ 37 Abs. 4)[161]. Was indessen nicht recht in den Blick kommt — und das gilt natürlich für den Abschnitt „Arbeit und berufliche Bildung" im Verhältnis zu den übrigen Materien — ist das therapeutische Moment, der Bedarf an Einzel- und Gruppentherapie[162]. Es wird allenfalls bei der Regelung der sozialen Hilfe ansatzweise spürbar, so wenn es heißt, der Gefangene könne diese Hilfe „in Anspruch nehmen, um seine persönlichen Schwierigkeiten zu lösen" (§ 64 Satz 1). Zwar gilt es nach der Begründung zum RE die Vollzugsanstalt zum Gemeinwesen mit „methodisch fundierter Sozialarbeit" auszugestalten; jedoch trägt dem die Gesetzesfassung nur teilweise Rechnung[163]. Wenn irgendwo, dann tritt hier, nämlich im Verhältnis von Arbeit, (beruflicher) Bildung, sozialer Hilfe und Therapie, die Notwendigkeit zutage, den Personenkreis näher zu analysieren, dem diese Hilfen letztlich gelten, und die Ziele zu konkretisieren, die man damit erreichen will. Die Akzentuierung bestimmter Lebensbereiche oder sozialen Handlungsfelder ist doch nur auf der Grundlage eines bestimmten Lernkonzepts möglich, das reale Bedürfnisse und Defizite zum Ausgangspunkt seiner Hilfs- und Lernmöglichkeiten nimmt. Und da zeigt sich nun, daß der RE im Bereich der Arbeit und beruflichen Bildung die entscheidenden Defizite sieht und darum auch vornehmlich hier ansetzen möchte. Das deckt sich nicht nur mit tradierten Vorstellungen von der Persönlichkeit des Straftäters, sondern kommt auch generellen, mehr oder weniger institutionalisierten Erwartungen, die die Leistungsgesellschaft an ihre Mitglieder richtet, entgegen[164].

---

[161] Zum Ganzen vgl. die ausführliche Begründung in Drucksache 7/918, S. 63—69.

[162] Sieht man von der erwähnten arbeitstherapeutischen Beschäftigung (§ 37 Abs. 5 Satz 1) ab.

[163] Drucksache 7/918, S. 42.

[164] Vgl. namentlich die in Anm. 160 genannten Beiträge von *Calliess* und *Müller-Dietz*.

Insofern werden selbst in dem so zurückhaltend formulierten RE Ansätze eines Behandlungskonzepts sichtbar, die freilich nur Teilaspekte in den Blick bringen. Ansonsten bleibt jedoch die Feststellung zu Recht bestehen, daß der rechtsstaatliche Part im RE weitaus stärker gespielt wird als der sozialstaatliche, der die Behandlung des Gefangenen betrifft. Das hat nicht nur seinen Grund in der bereits angedeuteten ökonomischen Problematik und in der These des RE, daß jedenfalls derzeit dezidierte Aussagen über Behandlung und Behandlungsmethoden angesichts bestehender Forschungslücken nicht möglich seien. Vielmehr scheint er darüber hinaus die Aufgabe des Strafvollzugsgesetzgebers in diesem Bereich grundsätzlich anders einzuschätzen als etwa der AE, wenn er davon ausgeht, daß sich jene Fragen praktisch einer gesetzlichen Regelung entzögen. Dahinter verbirgt sich wohl auch die Furcht vor Programmsätzen, deren Justitiabilität in Zweifel gezogen werden könnte; denn daß Vorschriften, die eine Art sozialpädagogisches und -therapeutisches Konzept zu formulieren suchen, sich solchem Zweifel eher aussetzen als andere Normen, läßt sich sicherlich nicht bestreiten. Allerdings kann man fragen, ob und inwieweit ein StVG, das sich ja auch als Erfüllung des Sozialstaatsprinzips versteht, davon gänzlich freigehalten werden kann. Diese Frage drängt sich denn auch angesichts mancher Vorschriften des RE auf, denkt man etwa an die Regelung des Behandlungsziels (§ 2) selbst oder an die so überaus problematische Bestimmung über die Mitwirkungspflicht des Gefangenen (§ 4 Satz 1)[165]. Hier kehrt übrigens das eingangs angedeutete Problem der Umsetzung und angemessenen juristischen Behandlung pädagogisch-therapeutischer Sachverhalte wieder, das dem RE jedenfalls heute noch nicht lösbar erscheint. Nicht zuletzt schlägt in der Skala der Argumente, die die normative Askese des RE rechtfertigen sollen, der Gesichtspunkt zu Buch, die allseits geforderte Weiterentwicklung des Vollzuges nicht durch allzu detaillierte Festlegungen zu hemmen; gerade das ist ja das durchgängige Thema der Begründung: der Weg in die Zukunft soll offenbleiben; der Gesetzgeber kann ihn im einzelnen weder

---

[165] Kritisch etwa Vorschläge (Anm. 12), S. 15; *Zipf* Kriminalpolitik, 1973, S. 51; AE (Anm. 15), S. 59. Bedenken wird auch haben können, wem — mit dem RE (vgl. Drucksache 7/918, S. 47) — nur an der Appellfunktion und nicht an irgendwelchen (disziplinären) Konsequenzen gelegen ist.

beschreiben noch gar vorschreiben — er kann nur die grundsätzliche Richtung weisen.

Diese Erwägungen haben sicher manches für sich — restlos
überzeugen können sie nicht. So scheint es durchaus möglich, die
organisatorischen und personellen Voraussetzungen eines Behandlungsvollzuges normativ stärker zu verdeutlichen und zu
konkretisieren, als es im RE geschehen ist. Denn wenn man
einen solchen Vollzug im Grundsatz überhaupt für sinnvoll
hält und ihn nicht von vornherein als ineffizient ablehnt, dann
müßte man der gesetzlichen Regelung doch wohl jene Struktur-
prinzipien zugrunde legen, die allgemeiner oder wenigstens
weitgehender Zustimmung sicher sein können. Dazu gehören
aber nun einmal bestimmte Größenordnungen, was die Anstalt
selbst und ihre Untergliederungen, wie etwa Abteilungen und
Wohngruppen, anlangt; und dazu rechnet auch die zahlenmäßige Ausstattung dieser Vollzugseinheiten mit Fachkräften. Das
alles müßte keineswegs exakt festgeschrieben werden, wie es der
AE tut (vgl. §§ 8 Abs. 1, 9, 16, 17), sondern könnte durchaus
einen gewissen Toleranzspielraum erhalten, der Flexibilität ermöglicht. Doch könnte dadurch in der Tat erreicht werden,
daß die Aufgliederung und personelle Ausstattung der Vollzugsanstalt Behandlungsgesichtspunkten entsprechen und daß
die Vollzugs- und Finanzverwaltungen mehr in Pflicht genommen werden, als es bei bloßen Generalklauseln der Fall wäre.
Entsprechendes hätte für die Regelung der Kommunikations-
und Entscheidungsstrukturen der Anstalt zu gelten. Auch hier
wären Vorschriften denkbar und sinnvoll, die die Mitverantwortung jedes in der Anstalt Tätigen stärken und der Mitarbeit
der Gefangenen mehr Raum als bisher geben würden. Wenn
das Vollzugs- oder Behandlungsziel das Zusammenwirken der
Beteiligten, des Vollzugsdienstes, und der Betroffenen, der Gefangenen, erfordert, dann müssen mindestens die organisatorischen und strukturellen Rahmenbedingungen dafür geschaffen
werden. Das gilt gleichermaßen für die Regelung der Behandlung selbst. Gewiß ist hier der Grat zwischen unverbindlichen
Programmsätzen und der Zementierung heutiger kriminalthe-
rapeutischer Erkenntnisse besonders schmal und abschüssig. Daß
es aber gleichwohl möglich ist, wenigstens beispielhafte Hinweise zu geben, demonstriert wiederum der AE, indem er von
Einzeltherapie, gruppentherapeutischer Behandlung und grup-

pendynamischer Beratung (§§ 76 bis 78), ja sogar von lerntherapeutischer Behandlung spricht und damit dem Begriff Therapie Konturen zu verleihen sucht. Denn erst die Einbeziehung solcher Gesichtspunkte würde ein StVG von dem fatalen Verdacht befreien, es sähe in der Steigerung von (beruflicher) Leistungsbereitschaft und -fähigkeit das entscheidende oder doch vorrangige Mittel zur Sozialisation von Straffälligen. Wahrscheinlich muß der Strafvollzugsgesetzgeber das Risiko eingehen, hinsichtlich der Behandlungsvoraussetzungen und der Behandlung selbst Zielvorstellungen zu normieren, die dem hic et nunc Erreichbaren wesentlich vorausliegen — um eben reformerische Impulse zu geben; für den Abstand zwischen Ideal und Wirklichkeit ist ohnehin schon gesorgt.

VIII.

Der RE verrät Optimismus hinsichtlich der Innovationsfähigkeit und Experimentierfreude der Vollzugspraxis. Der AE teilt ihn nicht. Er widerspricht aber auch in den übrigen Punkten weitgehend den Argumenten des RE. Das beginnt mit der Diagnose, daß der RE bei „einer äußerlich bleibenden Milderung oder Lockerung der Vollzugsbedingungen" stehengeblieben sei, es also gleichsam versäumt habe, die neuesten Forschungsergebnisse der Verhaltenswissenschaften normativ aufzuarbeiten[166]. Er mißtraut der Annahme, daß die Regelungen des RE der Praxis genügend Impulse geben würden und daß die Praxis dann ihrerseits von sich aus die Entwicklung vorantreiben würde; und er zeigt sich umgekehrt davon überzeugt, daß bereits beim gegenwärtigen Stand der Forschung Aussagen über die optimale Ausgestaltung eines Behandlungsvollzuges möglich sind. Schreckt den RE die Vorstellung eines fehl- oder überorganisierten Vollzuges, so den AE die Gefahr einer Zementierung des Status quo, die durch mangelnden gesetzlichen Zwang zu Veränderungen heraufbeschworen werde[167]. So ist das Bemühen des AE zu verstehen, die Feinstrukturen des Behandlungskonzepts schon von der gesetzlichen Regelung her sichtbar zu machen. Das wird einmal darin sichtbar, daß die äußeren Rahmenbedingungen rückfallverhütender Behandlung

---

[166] AE (Anm. 15), S. 3. Dieses Urteil wird freilich den aufgezeigten Ansätzen und Reformtendenzen des RE, die stellenweise in der Begründung stärker als im Gesetzestext zum Ausdruck kommen, nicht ganz gerecht.
[167] So besonders deutlich AE (Anm. 15), S. 59 f.

68

stärker konkretisiert werden; und das äußert sich weiter in dem Versuch, das Prinzip der „problemlösenden Gemeinschaft" normativ in einem Maße festzuschreiben, wie es bisher noch in keinem deutschen und wohl auch ausländischen Gesetzentwurf unternommen worden ist. Deshalb begegnet uns im AE eine fast akribische Detailmalerei, die die Anstalt zahlenmäßig, personell und fachlich ins Bild bringen möchte — was der RE gerade für unmöglich hät. Hier hat denn auch die vom AE grundsätzlich gutgeheißene Strategie des Offenlassens, die für den RE auf dem Gebiet der Behandlung und Behandlungsvoraussetzungen so ungemein typisch ist, ihre unmißverständliche Grenze. Dennoch glaubt der AE eine flexible Lösung gefunden zu haben, die die Vollzugsanstalt „als eine auf Innovation angelegte Institution" erscheinen läßt, „die sich entsprechend der wissenschaftlichen Erkenntnis fortentwickeln soll"[168].

Natürlich sind diese Vorstellungen — jedenfalls was ihren prinzipiellen Ausgangspunkt anlangt — so neu nicht, wie sie sich in Gesetzesform anhören. Schon seit einiger Zeit werden sie — und das nicht nur in der speziell gefängnissoziologischen Literatur — vertreten. Sowohl die „Vorschläge der Arbeiterwohlfahrt zur Reform des Strafvollzuges"[169] als auch die „Denkschrift über die Behandlung von kriminell stark gefährdeten jungen Tätern in Vollzugsanstalten"[170] nahmen bereits wesentliche Elemente jenes Konzepts vorweg; beide Stellungnahmen muten denn auch trotz des Zeitablaufs über weite Passagen modern und unverbraucht an. Was am AE demgegenüber neu ist, ist eben das Bestreben, die bildungsmäßigen und therapeutischen Akzente eines im Grunde sozialtherapeutisch verfaßten Vollzuges noch stärker zu setzen, ihnen einen besonderen organisatorischen Rahmen zu geben und ihnen schließlich normativen Ausdruck zu verleihen. Insofern tritt im AE trotz aller zwischenzeitlichen Veränderungen in der Praxis der Abstand zum bestehenden Vollzugssystem noch deutlicher hervor als in jenen Stellungnahmen.

[168] AE (Anm. 15), S. 93.
[169] Vorschläge der Arbeiterwohlfahrt zur Reform des Strafvollzuges (Schriften der Arbeiterwohlfahrt 23), 1970. Der AE (Anm. 15), S. 63, bezieht sich ausdrücklich darauf.
[170] Denkschrift über die Behandlung von kriminell stark gefährdeten jungen Tätern in Vollzugsanstalten (Deutsche Vereinigung für Jugendgerichte und Jugendgerichtshilfen e. V.), 1970.

Wenn man überhaupt Schwerpunkte in dem vielgliedrigen, komplexen Vollzugssystem des AE setzen kann, dann sind es die der Bildung kleiner Vollzugseinheiten, der Selbstverwaltung und der Fachlichkeit des Vorgehens. Die Begründung zum AE selbst nennt insgesamt sechs Gesichtspunkte, von denen sich seine Verfasser hätten leiten lassen. Sie zielen überwiegend in die angegebene Richtung und erheben die Organisationsstruktur zum zentralen Problem der Behandlungsvoraussetzungen. Die zahlenmäßige Begrenzung der Vollzugsanstalt auf 200 Plätze rechtfertigt der AE nicht zuletzt damit, daß er eine gleich große Anzahl von — beamteten und externen — Mitarbeitern für erforderlich hält. Für die Beurteilung der Überschaubarkeit und Handlungsfähigkeit der Vollzugsanstalt bietet sich in der Tat die Summe der in ihr Befindlichen und Tätigen und nicht nur der Gefangenen allein als Maßstab an. Entsprechende Überlegungen stellt der AE für die Gliederung der Anstalt in Abteilungen und Wohngruppen an. Sollen diese Vollzugseinheiten Ort und Ausgangspunkt der Behandlung sein, müssen sie schon in Größe und Ausstattung mit Fachpersonal therapeutischen Erfahrungen Rechnung tragen. Deshalb sollen die Abteilungen nicht mehr als 50 Plätze, die Wohngruppen höchstens 15 Plätze umfassen (§ 9). Jeder Abteilung sollen drei Sozialarbeiter, ein Psychologe und ein Pädagoge mit gruppendynamischer Ausbildung angehören (§ 16 Abs. 2 und 3), jeder Wohngruppe vier ständige Gruppenbeamte mit solcher Vorbildung zugeordnet werden (§ 16 Abs. 1)[171]. Diese Mitarbeiter sollen vor allem die Aufgaben sozialer Hilfe und Therapie, etwa im Rahmen des Behandlungsteams, wahrnehmen. Das Behandlungsteam selbst soll den Gefangenen, der im Sprachgebrauch des AE als „Insasse" figuriert, beraten und unterstützen sowie Behandlungsangelegenheiten entscheiden (§ 18). Das ist Ausfluß des Grundsatzes, fachliche Entscheidungen denen anzuvertrauen, die von ihrer beruflichen Qualifikation her dafür geeignet erscheinen. Dieses Prinzip sucht der AE auf allen Ebenen des Vollzuges zu verwirklichen, indem er die Entscheidungsgewalt nach unten verlagert und im wesentlichen repräsentativen Gremien überträgt, die gemischt, d. h. aus Anstaltsangehörigen und Gefangenen, zusammengesetzt sind. Dementsprechend soll die

---

171 Zur Begründung im einzelnen vgl. AE (Anm. 15), S. 73 ff.

Wohngruppe ihre Angelegenheiten mit den zuständigen Beamten in eigener Regie regeln und einen Gruppenrat bilden (§ 19). Auf Abteilungsebene soll diese Funktion der Abteilungsrat erfüllen (§§ 20, 21). An die Spitze der Anstalt will der AE eine dreiköpfige Anstaltsleitung, bestehend aus einem Juristen, einem Psychologen und einem Soziologen (oder einer anderen Fachkraft), stellen (§ 22), der seinerseits der Anstaltsrat als Selbstverwaltungsgremium gegenüberstehen soll (§§ 26, 27)[172]. Dieses Prinzip der Dezentralisierung und Machtverteilung soll überdies noch durch Bildung eines Justizvollzugsrates auf die Landesebene ausgedehnt werden (§§ 35, 36). Davon verspricht sich der AE mehr Transparenz und Öffnung des Vollzugssystems nach außen wie nach innen.

Dem in solcher Weise festgeschriebenen organisatorischen Rahmen korrespondiert weitgehend die personelle Ausstattung der Vollzugsanstalt, wie sie der AE anstrebt. Das wurde schon an den Überlegungen zur Größe der einzelnen Vollzugseinheiten und zu den Verhältniszahlen deutlich. Vor allem der Aufwand an Fachkräften wäre nach dem AE erheblich. Dem käme indessen der neuartige Vorschlag entgegen, „die Aufgaben der speziellen Ausbildung und Behandlung" sowie — in eingeschränkterem Umfange — die Funktionen der Psychologen, Pädagogen und Sozialarbeiter von nebenamtlichen oder vertraglich verpflichteten Mitarbeitern wahrnehmen zu lassen (§ 24). Das könnte dazu beitragen, den zweifellos entstehenden Mehrbedarf an Fachkräften zu decken und zugleich den Anschluß der Vollzugspraxis an den jeweiligen Stand verhaltenswissenschaftlicher Erkenntnis, namentlich auf dem Gebiet der Behandlungsmethoden, zu sichern[173]. Denn gerade in einem solchen Verbund von Wissenschaft und Praxis sieht der AE Chancen für die Weiterentwicklung des Vollzuges. Dieses Bemühen kommt einmal in den Vorschriften über die Ausbildung und Fortbildung (§§ 30, 31) sowie über die ständige gruppendynamische Fachberatung (Supervision) (§ 32) zum Ausdruck. Es äußert sich aber auch in einer außerordentlich dezi-

---

[172] Dazu AE (Anm. 15), S. 85, 87 ff. Das Modell des AE unterscheidet sich damit erheblich von dem Konzept der Konferenzverfassung der Vorschläge (Anm. 12), S. 42 ff., das gleichfalls die Grundsätze der Mitverantwortung und repräsentativen Vertretung zu verwirklichen sucht — freilich für Personal und Insassen getrennt.
[173] Hierzu vgl. AE (Anm. 15), S. 87.

dierten Regelung der vollzugsbegleitenden kriminologischen Forschung (§§ 37 —39). So sollen die in den Aufsichtsbehörden, den zentralen Vollzugsämtern (§ 33 Abs. 3), tätigen Fachkräfte (§ 34) eine kriminologische Arbeitsgruppe bilden, die für die Planung und Fortentwicklung des Vollzuges und für die Koordination der Forschung in den Vollzugsanstalten zu sorgen hat. Diese Forschung soll — sowohl hinsichtlich Methodik als auch Organisation — auf wissenschaftlicher Grundlage betrieben werden (§ 38)[174]. Um noch ein übriges zu tun, schlägt der AE die Einrichtung von Modellanstalten mit eigenem Forschungsstab vor (§ 7 Abs. 2), in denen neue Behandlungsmethoden erprobt und wissenschaftlich getestet werden sollen.

Die wissenschaftliche Orientierung des ganzen Konzepts ist darüber hinaus für die Vorschriften über die Behandlung selbst charakteristisch. Hier treten Herkunft und Standort des AE besonders deutlich zutage. So enthält er nicht nur eine Reihe von Aussagen zu den Behandlungsmethoden, sondern will grundsätzlich vorschreiben, daß „die Art der Behandlung" „den neuesten Erkenntnissen der einschlägigen Wissenschaften entsprechen" müsse (§ 81 Abs. 2 Satz 1)[175]. Fraglos können Gewicht und Problematik einer solchen gesetzlichen Verpflichtung kaum überschätzt werden; denn ein Behandlungsvollzug partizipiert dann nicht nur an den Vorzügen der wissenschaftlichen Entwicklung, zu denen auch neue kriminalätiologische und -therapeutische Einsichten rechnen mögen, sondern auch an den wissenschaftlichen Auseinandersetzungen, die sich vielfach an grundsätzlichem Ausgangspunkt und Methodik entzünden. Der heutige Stand der Aggressionsforschung[176] beispiels-

---

[174] Zu Einzelheiten AE (Anm. 15), S. 97 ff. Für eine „experimentelle Weiterentwicklung der Vollzugsmethoden" namentlich Denkschrift (Anm. 170), S. 19 ff. Vgl. auch den Beschluß der Strafrechtlichen Abteilung des 48. DJT: „Begleitende Forschung und weiterentwickelnde Praxis sind im Strafvollzug zu institutionalisieren" (Sitzungsbericht N zum 48. DJT, S. N 176).
[175] Vgl. etwa § 4 des Diskussionentwurfs (Anm. 82): „Jugendhilfe ist auf der Grundlage wissenschaftlicher Erkenntnisse und der anerkannten Methoden der Sozialpädagogik und Sozialarbeit im Zusammenwirken von Fachkräften zu leisten." Vgl. ferner Vorschläge (Anm. 12), S. 12 f.
[176] Mit ihrer teils lerntheoretisch-psychoanalytischen, teils genetischen Orientierung (dazu z. B. *Dollard, Doob, Miller, Howrer, Sears*, Frustration und Aggression, 1970 [1939]; *Rattner*, Aggression und menschliche Natur, 1970; *Denker*, Aufklärung über Aggression, 3. Aufl., 1971; *Selg* [Hrsg.], Zur Aggression verdammt? 1971; *Schmidt-Mummendey/Schmidt*, Aggressives Verhalten, 1971; *Hacker*, Aggression, 1971; *Ammon*, Gruppendynamik

weise läßt ahnen, welche Konsequenzen damit verbunden sein
können. Das wird aber schwerlich in gleicher Weise für die Aufzählung der Behandlungsmethoden gelten, deren empirische
Grundlage der AE offenbar für gesichert hält. Hierzu rechnet
er individuelle Therapie — die allerdings nicht näher spezifiziert wird (§ 77) —, gruppentherapeutische Behandlung und
gruppendynamische Beratung (§ 78), lern- und arbeitstherapeu-
tische Behandlung (§ 79) sowie medikamentöse Behandlung, die
gegebenenfalls Therapie ermöglichen soll (§ 76 Nr. 3)[177]. Dem
scheint ein lerntheoretischer Ansatz zugrunde zu liegen, wie er
uns auch anderwärts, namentlich in manchen sozialtherapeutischen Modellversuchen, begegnet. Tatsächlich hat sich der AE
ja auch nach eigener Aussage am Konzept der sozialtherapeutischen Anstalt orientiert und will es gleichsam für jede Vollzugsanstalt verbindlich machen[178].

Das erklärt es zugleich, weshalb der AE die Schwerpunkte
der Sozialisation anders setzt als der RE. Reihenfolge und sachliches Gewicht der Regelungen lassen erkennen, daß der AE Ausbildung und therapeutische Behandlung den übrigen Sozialisationsfaktoren voranstellen möchte. Zwar gesteht er auch „der
Arbeit einen hohen Wert für die Wiedereingliederung der Insassen zu"[179], jedoch entspricht diese Einschätzung in keiner
Weise dem substantiellen Regelungsgehalt des RE, der praktisch
Arbeit und berufliche Bildung in den Mittelpunkt rückt. Selbst
der Bereich der Bildung, mit dem sich beide Entwürfe befassen,
hat im AE und RE unterschiedlichen Ausdruck gefunden. Während der RE eindeutig der beruflichen Förderung herausra-
gende Bedeutung beilegt (vgl. § 37 Abs. 3) und daneben noch
auf Schulunterricht und berufsbildenden Unterricht als Be-

---

der Aggression, 1972; *Lischke*, Aggression und Aggressionsbewältigung, 1972;
Schmidbauer, Die sogenannte Aggression, 1972; *Collatz*, Zur Information
über Theorien der Aggressivität, in: *Neidhardt/Sack/Würtenberger/Lüscher/
Thiersch*, Aggressivität und Gewalt in unserer Gesellschaft, 1973, S. 127—137;
Plack [Hrsg.], Der Mythos vom Aggressionstrieb, 1973).
[177] Dazu im einzelnen AE (Anm. 15), S. 143 ff. Über die verschiedenen
Behandlungsmethoden berichten namentlich die in Anm. 31 genannten Beiträge.
[178] „Auch die Strafanstalt ist nach dem AE als ‚sozialtherapeutische' Anstalt konzipiert und auf eine problemlösende Gemeinschaft hin organisiert"
(AE [Anm. 15], S. 225).
[179] AE (Anm. 15), S. 147.

standteile der Weiterentwicklung verweist (§ 60 Abs. 1)[180], sucht der AE ein umfassendes Bildungsprogramm zu präsentieren, das sich in berufliche Bildung, „allgemeine soziale und politische Ausbildung" (mit dem Ziel der Vermittlung konkreter Lebenshilfen und sozialer Fertigkeiten), allgemeinbildenden und berufsfördernden Unterricht gliedern soll (§ 72 Abs. 1)[181]. Dahinter steht offenkundig die Vorstellung vom Strafvollzug als einer Sonderform der Erwachsenenbildung. Daß dem Gefangenen Rechtsansprüche auf derartige Ausbildung und therapeutische Behandlung eingeräumt werden sollen (§§ 72, 76)[182], verdeutlicht den grundsätzlichen Ausgangspunkt des AE. Hier wird das subjektive Recht des einzelnen auf Selbstverwirklichung und — verantwortliche — Selbstbestimmung im Verhältnis zu den allgemeinen Leistungsnormen der Gesellschaft stärker sichtbar als etwa im RE. Insofern könnte man das Konzept des AE als den Versuch charakterisieren, Theoreme der modernen Erwachsenenbildung und ihrer Vorstellung von Chancengleichheit mit sozialpsychiatrischen Erkenntnissen zu kombinieren. Damit wird der Akzent auf die sozialstaatliche Komponente gelegt. Zugleich wird aber auch ein Bild des Straffälligen gezeichnet, das allenfalls teilweise mit der Sicht des RE übereinstimmt. Während der RE vor allem Defizite auf dem Gebiet von Arbeit und beruflicher Bildung ausgleichen will, reichen die Sozialisationsdefekte nach Auffassung des AE weiter und berühren — zumindest in vielen Fällen — den Kern der Persönlichkeit. Anders erschiene auch kaum verständlich, weshalb er in solchem Maße soziale Hilfe nicht nur im kognitiven, sondern vor allem im emotionalen und psychischen Bereich gewähren will[183].

Auch dieser Konzeption kann man nur mit einer differenzierenden Beurteilung gerecht werden. So entsprechen die orga-

[180] Im Grunde eine wenig glückliche Segmentierung des gesamten Bereichs der Weiterbildung (Erwachsenenbildung), der besser als einheitliches, allerdings aufgefächertes soziales Lernfeld konzipiert werden sollte.

[181] Zur Begründung vgl. AE (Anm. 15), S. 139 ff.

[182] Die uneingeschränkte Gewährung solcher Ansprüche trägt freilich weder dem Gebot differenzierender Behandlung hinreichend Rechnung, noch berücksichtigt sie genügend die verfahrensrechtlichen Implikationen, die sich daraus für die Justitiabilität und für die Funktionsfähigkeit der „problemlösenden Gemeinschaft" ergeben. Soll notfalls vor dem Vollstreckungsrichter ausgetragen werden, ob im Einzelfall besser eine analytische Kurztherapie oder eine verhaltenstherapeutische Behandlung angebracht ist?

[183] Die „Sozialisationsdefekte und Entwicklungsstörungen", von denen im AE (Anm. 15), S. 139, die Rede ist, werden allerdings nicht näher spezifiziert.

nisatorischen und personellen Rahmenbedingungen zumindest teilweise dem heutigen Stand wissenschaftlicher Erkenntnis. Man darf wohl annehmen, daß Vollzugsanstalten mit 200 Plätzen, gegliedert in Abteilungen und Wohngruppen, optimale Behandlungsmöglichkeiten bieten, wenn gleichzeitig für eine entsprechende Ausstattung mit Fachkräften und sozialpädagogisch geschultem Personal gesorgt ist[184]. Auch das Bemühen, die Mitverantwortung der Gefangenen und der in der Vollzugsanstalt Tätigen zu stärken, stimmt mit dem Grundkonzept des Behandlungsvollzuges überein, der ja entscheidend auf die Mitwirkung und aktive Beteiligung des einzelnen an den Kommunikations- und Entscheidungsprozessen in der Anstalt angewiesen ist. Wenn der AE den Abbau hierarchischer Strukturen, eine Dezentralisierung und Verteilung der Macht- und Entscheidungsbefugnisse auf Therapiegruppen und Gremien der Selbstverwaltung anstrebt, so liegt er prinzipiell auf der Linie der Erfahrungen, die innerhalb sozialpsychiatrischer und sozialtherapeutischer Anstalten gesammelt worden sind[185]. In der Tat kann eine „problemlösende Gemeinschaft" nur entstehen und funktionieren, wenn der einzelne — sei er Gefangener oder Beamter — nicht nur das subjektive Empfinden hat, am Geschehen in der Anstalt aktiv beteiligt zu sein, sondern tatsächlich gestaltend tätig werden kann und in die Verantwortung genommen wird. Das erfordert allerdings organisatorische Strukturen, die mit den Möglichkeiten freier, spontaner Kommunikation in Einklang gebracht werden müssen.

Die Verwirklichung des Konzepts, das dem AE vorschwebt, würde indessen ein kompliziertes System von Entscheidungsträgern hervorbringen. Hieraus ergibt sich die Frage nach der Funktionsfähigkeit eines derart verfaßten Vollzuges. Das meint die Anforderungen, die sich für die in der Anstalt Tätigen und für die Gefangenen, vor allem aber für diese, ergeben[186]. Das Engagement, das aus Gründen sozialen Trainings gefördert werden soll, umschreibt einen komplexen Sachverhalt. Der Weckung und Stärkung der Eigenverantwortung dient es, wenn der einzelne Gefangene an der Regelung der ihn angehenden

---

[184] Vgl. etwa *Müller-Dietz*, Organisation (Anm. 14).
[185] Nachweise in Anm. 30.
[186] Dazu im einzelnen *Müller-Dietz*, Organisation (Anm. 14). Die dort angestellten Überlegungen sucht der Text weiter zu vertiefen.

Angelegenheiten beteiligt wird; das überschneidet sich aber zumindest teilweise mit dem demokratischen Modell einer repräsentativen Vertretung der Insassen. Zwar geht der AE natürlich davon aus, daß solche Vertretungsorgane nicht für Einzelfälle, sondern nur für die Gesamtheit der von ihnen jeweils repräsentierten Gefangenen zuständig sein soll; aber es läßt sich wohl kaum bezweifeln, daß die Tätigkeit dieser Gremien auf den einzelnen Gefangenen zurückwirkt. Entscheidungen des Wohngruppenrates, des Abteilungsrates oder des Anstaltsrates können die Interessen des davon allemal wenigstens mittelbar betroffenen Gefangenen, der seinerseits selbstverantwortlich handeln oder dies zumindest lernen soll, empfindlich tangieren. Insofern setzt dieses Konzept ein Höchstmaß an Kooperationsbereitschaft und Fähigkeit sozialen Verhaltens voraus. Die Verquickung von therapeutischen Lernprozessen, die teils innerhalb, teils außerhalb von Gruppen in Gang gesetzt werden sollen, mit demokratischen Mitbestimmungsmodellen würde möglicherweise schon den sozial eingeordneten Durchschnittsbürger überfordern. Erst recht läßt sich ohne praktische Erprobung nur schwer prognostizieren, wie sich ein solches Konzept an einem Personenkreis von Verhaltensgestörten bewähren würde, bei dem es nach dem eigenen Ansatz des AE erst einmal gilt, erhebliche Sozialisationsdefizite aufzuarbeiten. Hinzu kommt die Frage, ob Bildungs- und Therapieziel — wenn man angesichts der komplexen Struktur sozialer Lernhilfen im AE überhaupt mit so vereinfachenden Kategorien arbeiten darf — einander äquivalent sind, ob sie nicht vom Anspruchsniveau der Betroffenen aus gesehen zumindest teilweise auf Überforderungen hinauslaufen. Denn das Angebot des AE ist differenziert; es setzt Fähigkeiten voraus, die vielfach verschüttet sind, erst einmal geweckt und aktiviert werden müssen. Die Verfasser des AE würden hierauf entgegnen, dazu werde ja jenes Angebot an sozialen Hilfen gerade unterbreitet. Aber der Verdacht läßt sich nicht ganz abweisen, als sei das Konzept auf Gefangene zugeschnitten, die zwar einerseits in starkem Maße behandlungsbedürftig, andererseits aber in gleichem Umfange kooperationswillig, bildungsbeflissen und zur Mitarbeit bereit sind; dann wäre wohl ein neuer Typus des Gefangenen vonnöten. Dem entspricht der Eindruck, daß der AE ein feinnerviges, diffiziles Steuerungssystem präsentiert und repräsentiert, das

76

auch erhebliche qualitative Anforderungen an das Personal stellt. Dieser Eindruck mag täuschen — letztlich käme es auch hier auf eine Probe an. Schon das spräche dafür, das Konzept — jedenfalls mit allen seinen Konsequenzen — nicht auf ganzer Breite, sondern zunächst einmal in einzelnen Modellanstalten zu verwirklichen.

Das Organisationsproblem läßt sich indessen noch in einen allgemeineren Zusammenhang stellen. Er betrifft die Steigerung von sozialer Komplexität, die mit der Realisierung eines solchen Konzepts verbunden wäre; sie findet im AE schon rein quantitativ in der Zahl und im Umfang der einschlägigen Vorschriften Ausdruck. Insofern ist der AE charakteristisch für den hierzulande verbreiteten Trend zur höchst peniblen Durchnormierung aller Lebensbereiche — nur daß dies im AE eben unter dem paradoxen Vorzeichen weitgehender Selbstbestimmung und Eigenverantwortung der in der Vollzugsanstalt Befindlichen und Tätigen geschieht. Der einzelne Mensch wie ganze soziale Systeme — so lehren jedenfalls soziologische Einsichten — sind und bleiben nur handlungsfähig, solange die Reduzierung von sozialer Komplexität gelingt[187]. Aus der Vielzahl von Wahrnehmungs- und Handlungsmöglichkeiten müssen bestimmte ausgewählt, andere ausgeschieden werden. Strukturiert man nun ein soziales System derart, daß es eine große Anzahl von Handlungsmöglichkeiten und Entscheidungsprozessen hervorbringt, dann scheitert es möglicherweise gerade an jenem Reduktionsvorgang. So könnte die vom AE angestrebte Transparenz für die Gefangenen und Anstaltsangehörigen in Undurchschaubarkeit des Ganzen münden. Die Folge wäre entweder ein anomischer Zustand der Anstalt, ihre Auflösung in willkürliche Handlungsvollzüge, oder die faktische Rückkehr zu einfacheren Strukturen, die das organisatorische Gerüst des AE zu Fall brächten. Die Verfasser des AE gehen natürlich von der gegenteiligen Erwartung aus, wonach ihr Konzept sowohl funktionsfähig ist als auch Innovationen den Weg bereitet, also der Weiterentwicklung des Vollzuges dient. Das ist aber eine Annahme, die noch der empirischen Bestätigung harrt. Daran kommt man nicht ganz vorbei: Es ist wohl ein sehr deutscher Entwurf;

---

[187] Dazu z. B. *Wellershoff*, Literatur (Anm. 22), S. 56, im Anschluß an *Gehlen* und *Luhmann*.

er läßt sich sogar über die Einrichtung eines Verkaufskiosks für die Anstaltsinsassen aus (§ 13 Abs. 3), und er weiß sorgsam zwischen Kraftsport und Hallen-Gruppensport zu unterscheiden, die in der vorgesehenen Turnhalle betrieben werden sollen (§ 15 Abs. 1 Nr. 3).

Auch das Problem, ob Behandlungskonzept in seiner Ausgestaltung im einzelnen und Personenkreis der Inhaftierten einander entsprechen, bedarf weiterer Überlegungen. Der AE legt bekanntlich für den Vollzug in seiner ganzen Breite ein sozialtherapeutisches Modell zugrunde, bejaht also ein Bedürfnis für derart intensive und gezielte Behandlungs„maßnahmen". Das provoziert indessen die Frage, ob sich der AE damit nicht an einem Personenkreis orientiert, der jedenfalls gegenwärtig nur einen Teil der Anstaltsinsassen ausmacht. Solange der Vollzug (noch) in erheblichem Maße mit der Vollstreckung kurzer Freiheitsstrafen befaßt ist und solange er es — in freilich begrenztem Umfange — mit sozial eingeordneten Tätern zu tun hat, dürfte es schwerhalten, einen sozialtherapeutischen Vollzug nach dem Muster des AE ohne Einschränkungen zu rechtfertigen und zu praktizieren. Es wäre auch keineswegs sicher, daß das Gebot, Haftschäden zu vermeiden, einen derart aufwendigen Vollzug hinreichend legitimieren, weil erforderlich machen würde. Freilich bleibt bei alledem zu bedenken, daß der AE im Grunde auf dem Sanktionensystem des AE zum Allgemeinen Teil eines StGB von 1966 fußt, der ja die weitgehende Abschaffung der kurzen Freiheitsstrafe und eine fühlbare Einschränkung des Freiheitsentzuges überhaupt vorgeschlagen hat[188].

Im Kontext eines solchen kriminalpolitischen Programms würde sich der Selektionsprozeß, der schon jetzt zu einem hohen Anteil von Rückfälligen und Vorbestraften im Vollzug geführt hat, sehr wahrscheinlich verschärfen und deshalb die Behandlungsproblematik noch dringlicher werden lassen, als sie es ohnehin bereits ist. Sollte sich der Vollzug tatsächlich eines Tages weitgehend auf behandlungsbedürftige und/oder gefährliche Täter konzentrieren, dann wäre der AE mit seinem um-

---

[188] Dieser Gesamtzusammenhang wird m. E. vom AE selbst nicht hinreichend gesehen (oder herausgestellt). Insofern würde der Versuch, das Konzept des AE gleichsam auf das geltende Strafrecht „aufzupfropfen", wohl zusätzliche Inkonsistenzen im Sanktionensystem bewirken.

78

fassenden Angebot an Ausbildung, therapeutischer Behandlung und sozialen Hilfen wohl auf dem richtigen Wege.

Vorerst zeichnet sich jedoch trotz aller Bemühungen im Rahmen der Strafrechtsreform eine solche Entwicklung (noch) nicht ab. Vielmehr wird zumindest in nächster Zukunft mit einer relativ differenzierten Insassenstruktur zu rechnen sein. Auch das könnte zugunsten des Vorschlags sprechen, das Konzept des AE erst einmal in einzelnen Modellanstalten zu erproben, die über eine entsprechende Zusammensetzung ihrer Insassen verfügen. Ein derartiges Vorgehen würde zugleich jenen grundsätzlichen Kritikern des Behandlungskonzepts entgegenkommen, die sich von dessen Verwirklichung keinen wirksamen Beitrag zur Bekämpfung der Rückfallkriminalität versprechen[189]. Gewiß wäre ein solches Vorgehen wissenschaftlich legitim. Ob es aber auch im Hinblick auf die Vollzugspraxis zu vertreten wäre, ist eine andere Frage. Denn damit könnte die Gefahr heraufbeschworen werden, daß der sog. Modellvollzug den Abstand zum allgemeinen Vollzug noch mehr vergrößerte, als es heute schon im Verhältnis von sozialtherapeutischen Anstalten zu anderen Anstalten der Fall ist. Bekanntlich wurde dieses Arguments bereits bei der Diskussion über die Schaffung jener Maßregel gebraucht[190]; und es wird sicher nicht schon durch die im Grunde selbstverständliche Forderung entkräftet, daß der Vollzug auf breiter Grundlage weiterentwickelt werden müsse. Nach den bisherigen Erfahrungen auf finanziellem und personellem Gebiet läßt sich eben nicht ausschließen, daß ein sog. Modellvollzug — namentlich wenn er in größerem Umfang betrieben wird — weitgehend jene Kräfte absorbiert, die für eine allgemeine Anhebung des Vollzugsniveaus nötig wären.

IX.

Das aber ist das Ziel, das uns immer wieder in amtlichen Verlautbarungen entgegentritt. Bemerkenswert erscheinen sie dabei nicht allein, ja vielleicht nicht einmal so sehr durch ihre Beschreibung des gegenwärtigen Zustandes als vielmehr durch das Bild, das sie vom künftigen Vollzug zu entwerfen suchen. Daran läßt sich nämlich zumindest partiell ablesen, inwieweit wissenschaftliche und vollzugspraktische Vorstellungen konvergieren

---

[189] Nachweise in Anm. 83.
[190] Vgl. *Horstkotte*, in: Protokolle des Sonderausschusses des Deutschen Bundestages für die Strafrechtsreform, 5. Wahlperiode, S. 2249.

und inwieweit sie ihrerseits sich mit den verschiedenen Entwürfen zur Deckung bringen lassen. Freilich kann ein solcher Vergleich nur kursorisch und exemplarisch zugleich sein; Umfang und unterschiedliche Zugänglichkeit des einschlägigen Materials stehen jeglichem Bemühen um Vollständigkeit entgegen; vermutlich kann die Geschichte der jüngsten Reformbestrebungen erst geschrieben werden, wenn hinreichende zeitliche Distanz uns ein objektiveres Urteil erlaubt.

Wer unter diesem Vorbehalt offizielle Berichte zur Lage des Strafvollzuges studiert, stößt auf eine auffällige sachliche und zeitliche Zäsur, die nicht zufällig mit dem Beginn der legislatorischen Vorarbeiten zum StVG zusammentrifft. Die amtlichen Äußerungen der 50er und 60er Jahre[191] verzeichneten auf der Habenseite in aller Regel statistische Daten über die Gefangenen, das Personal, die Arbeitsbetriebe sowie etwaige Maßnahmen der Berufsförderung, Erwachsenenbildung und Freizeitgestaltung. Auf der Sollseite fanden sich Hinweise auf notwendige bauliche Maßnahmen sowie auf eine für erforderlich gehaltene Vermehrung des Personals und Errichtung neuer Arbeitsbetriebe. Dem lag sowohl hinsichtlich der Analyse der gegenwärtigen Situation als auch in bezug auf die Zielvorstellungen eine weitgehend quantitative Betrachtungsweise zugrunde, die über eine zahlenmäßige Fortschreibung der Vollzugsaufgaben kaum hinauskam. An kritischer Reflexion des bestehenden Vollzugssystems im Blickwinkel eines neuen Konzepts fehlte es vielfach. Das hat sich inzwischen geändert. Zwar registrieren die amtlichen Berichte weiterhin statistische Daten, die nun einmal für die künftige Planung unerläßlich sind. Aber man stellt sich jetzt grundsätzlichen Fragen der Vollzugsgestaltung und des Systemwandels und beginnt hieraus Konsequenzen für die Fortentwicklung des Vollzuges, namentlich für organisatorische und personelle Strukturveränderungen abzuleiten.

---

[191] Z. B. Bericht des Senats über den Berliner Strafvollzug vom 4. 6. 1968, Drucksachen des Abgeordnetenhauses, V. Wahlperiode, Nr. 403. Etliche dieser Berichte sind aus konkreten Anlässen entstanden (so etwa der Bericht des Parlamentarischen Untersuchungsausschusses über das Vollzugswesen der Bürgerschaft der Freien und Hansestadt Hamburg vom 20. 1. 1967, VI. Wahlperiode, Drucksache Nr. 432, die Mitteilung des Hamburger Senats an die Bürgerschaft vom 8. 4. 1969, VI. Wahlp., Drucksache Nr. 2055, und der Bericht des Parlamentarischen Untersuchungsausschusses des Landtages Nordrhein-Westfalen über die Vorkommnisse in den Strafgefängnissen und der Untersuchungshaftanstalt Köln, 6. Wahlp., Drucksache Nr. 690).

Dabei zeichnet sich offenkundig eine Art Doppelstrategie ab, die teils auf die Vorarbeiten der Strafvollzugskommission und die Strafrechtsreformgesetze von 1969, teils aber auch auf zunehmende Verarbeitung wissenschaftlicher Erkenntnisse zurückzuführen ist[192].

Auf der einen Seite stehen Bemühungen um allgemeine Anhebung des Vollzugsniveaus durch Verbesserung der Lebens-, Arbeits- und Ausbildungsbedingungen in den Vollzugsanstalten sowie durch personelle Reformen. Charakteristisch dafür ist einmal die Erleichterung des Kontakts zur Außenwelt, die Liberalisierung des Besuchs- und Schriftverkehrs sowie des Zugangs zu den Massenmedien. Des weiteren geht es um die immer wieder geforderte „Öffnung des Vollzuges" durch Schaffung offener Anstalten oder Abteilungen, regelmäßige Beurlaubung geeignet erscheinender Gefangener und Ausweitung des Freigangs. Das alles soll begleitet werden von Vollzugslockerungen nach innen, die auf den Abbau unnötiger Haftbeschränkungen und Restriktionen zielen. Auf der Grundlage dieser Liberalisierungsmaßnahmen sollten dann strukturelle Reformen verwirklicht werden. Sie haben meist die Gliederung der Vollzugsanstalten in überschaubare Einheiten, namentlich in Abteilungen, denen dann jeweils sozialpädagogisch geschulte Beamte zugeordnet werden sollen, zum Gegenstand. Die Schaffung von Aufnahmeabteilungen mit Möglichkeiten der Persönlichkeitsdiagnostik soll einer individualisierenden Behandlung der Gefangenen vorarbeiten. Die Unterscheidung von Erst- und Regelvollzug soll durch weitergehende Differenzierungen, die vor allem Behandlungsprognosen Rechnung tragen, abgelöst werden; Grundlage für die Einweisung der Gefangenen in die verschiedenen Anstalten bildet hierbei in manchen Ländern, wie z. B. in Baden-Württemberg, die Begutachtung durch eine sog. Einweisungskommission. Die Arbeitsbetriebe sollen mehr als bisher denen der freien Wirtschaft angepaßt werden, Neu-, Um- und

---

[192] Umfassende Darstellungen der tatsächlichen Weiterentwicklung des Vollzuges in der Bundesrepublik fehlen entweder oder werden zumindest nicht veröffentlicht. Die jährlich erscheinende Strafvollzugsstatistik (Statistisches Bundesamt Wiesbaden: Fachserie A. Bevölkerung und Kultur. Reihe 9. Rechtspflege. III. Strafvollzug) weist lediglich einen Teil der relevanten Daten aus. Entsprechendes gilt für die einschlägigen Berichte des Bundesministeriums der Justiz an die Vereinten Nationen, die zudem — von Ausnahmen abgesehen (z. B. ZfStrVo 20 [1972], S. 359—3694) — nicht publiziert werden.

Erweiterungsbauten die Unterbringungsmöglichkeiten verbessern. Auf dem Programm der „inneren Reformen" stehen ferner Intensivierung der beruflichen Förderung und Gruppenarbeit verschiedenster Provenienz. Die personellen Voraussetzungen eines solchen Vollzuges erblickt man in einer entsprechenden Auswahl der Beamtenanwärter, in der sozialpädagogischen Ausbildung und Fortbildung aller Sparten des Vollzugsdienstes und in einer Vermehrung der Planstellen, nicht zuletzt für Fachkräfte. Das ist typischerweise der äußere Rahmen, in den sich der künftige Behandlungsvollzug nach amtlichen Vorstellungen einfügen soll.

Dem steht auf der anderen Seite das Bemühen gegenüber, das sozialtherapeutische Konzept praktisch zu erproben, einmal um die gesetzlich vorgeschriebenen Einrichtungen bis zum festgesetzten Zeitpunkt zur Verfügung zu haben, zum zweiten um Erfahrungen für die Fortentwicklung des Vollzuges im ganzen zu sammeln. Auf dieser Grundlage sind ja die sozialtherapeutischen Anstalten bzw. Abteilungen in Bad Gandersheim, Berlin-Tegel, Düren, Erlangen, Hamburg, Ludwigshafen und auf dem Hohenasperg entstanden, die, soweit ersichtlich, zwar mit unterschiedlichen methodischen Ansätzen, aber mit vergleichbaren Organisationsmodellen arbeiten[193]. Das Grundmuster bildet die Kleingruppe, die unter fachlicher Leitung, meist der eines Psychologen, steht und während des ganzen Vollzuges therapeutisch „begleitet" wird. Dementsprechend sind die sozialtherapeutischen Einrichtungen entweder von vornherein klein gehalten oder wiederum untergegliedert und mit relativ — d. h. verglichen mit dem sonstigen Vollzug — viel Fachpersonal, namentlich Psychologen, Ärzten, Sozialarbeitern und gelegentlich auch Psychotherapeuten, ausgestattet. Die hierarchische Organisationsstruktur der traditionellen Vollzugsanstalt ist vielfach abgelöst durch ein selbstverantwortlich arbeitendes Behandlungsteam. In den Behandlungsprozeß werden die Aufsichtsbeamten, die ausgewählt sind und eine zusätzliche Ausbildung erfahren (haben), mit einbezogen. In aller Regel liegt der Schwerpunkt des methodischen Vorgehens in der Gruppentherapie; durchweg wird aber auch Einzeltherapie angewandt. Gebräuchliche Therapieformen stellen vor allem analytische Psy-

---

[193] Dazu vor allem G. *Schmitt*, Theorie (Anm. 31), S. 1 ff.

chotherapie, Verhaltenstherapie, Sensitivity Training und Gruppenpsychotherapie dar. Daneben greift man gelegentlich auch auf somatische Behandlungsmethoden, etwa auf Antiandrogene und sedierende Medikamente, zurück. Die Insassen sind an der Behandlung selbst unmittelbar beteiligt und verfügen meist über ein repräsentatives Vertretungsorgan, das ihre Interessen und Wünsche als Gruppe gegenüber der Anstalt vertritt. Teilweise überschneiden sich die Arten der Mitwirkung, so wenn beispielsweise Gruppensprecher der Insassen an der Behandlungskonferenz teilnehmen. In fast allen sozialtherapeutischen Einrichtungen sind Gesamtkonferenzen unter Einbeziehung sämtlicher Insassen und Mitarbeiter vorgesehen. Die einzelnen Lebensbereiche der Insassen, wie Außenkontakte, Arbeit, Erwachsenenbildung und Freizeitgestaltung, sind indessen offenbar recht unterschiedlich strukturiert. Das gilt auch für das Auswahlverfahren, das letztlich die Zusammensetzung der Insassen bestimmt. Abschließende Daten der Erfolgskontrolle stehen anscheinend noch aus. Bisher vorliegende Erfahrungsberichte äußern überwiegend vorsichtigen Optimismus, geben allerdings durchweg einschränkend zu bedenken, daß der bisherige Zeitraum praktischer Erprobung noch nicht ausreiche, um grundsätzliche Konsequenzen für die künftige Ausgestaltung der Sozialtherapie selbst und die Gesamtorganisation des Vollzuges zu ziehen. Diese Feststellung begegnet uns in den verschiedensten Varianten nicht nur in amtlichen Verlautbarungen, sondern auch und gerade in wissenschaftlichen Veröffentlichungen.

Exemplarisch für solche amtlichen Äußerungen und die in ihnen zum Ausdruck kommende Doppelstrategie ist etwa der zweite Bericht des Senats über die Situation im Berliner Strafvollzug vom 2. 2. 1973, in dem — vom Behandlungskonzept ausgehend — Zielvorstellungen für die künftige Marschroute des Vollzuges skizziert werden[194]. Der Bericht sieht in den bisher getroffenen Liberalisierungs- und Humanisierungsmaßnahmen lediglich einen humanitären und rechtsstaatlichen Teilaspekt der Reform, der noch nicht mit Behandlung im eigentlichen Sinne gleichzusetzen sei. Die Urlaubsregelung fungiert etwa als Bei-

[194] Drucksache 6/759 (Anm. 32). Zur Situation des Berliner Vollzuges auch *Uhlitz*, 5 Jahre Strafvollzugsreform/Berlin, Soziale Arbeit 22 (1973), S. 145 bis 152; *ders.* früher schon: Strafvollzugsreform in Berlin, ZfStrVo 19 (1970), S. 346—353.

spiel für die Notwendigkeit, „die Liberalisierungsmaßnahmen in eine sozialpädagogische Aufbauarbeit einzubetten"[195]. Der Bericht läßt erkennen, daß die personellen, baulichen und sonstigen Voraussetzungen eines Behandlungsvollzuges — wie auch anderwärts — allenfalls teilweise gegeben sind; er umreißt deshalb das Defizit an Planstellen, Ausbildung, Haftplätzen und Räumlichkeiten, die für einen solchen Vollzug eigentlich erforderlich wären. Die Tendenz geht dahin, im personellen Bereich auf die Einbeziehung des Aufsichtsdienstes in den Behandlungsprozeß hinzuwirken; dem dient auch die Erarbeitung einer entsprechenden Ausbildungsordnung[196]. Erst recht sollen die Sozialarbeiter im Hinblick auf ihr heutiges berufliches Selbstverständnis mehr als bisher an der Behandlung beteiligt und etwa als Leiter von „Wohn- und Behandlungsgruppen" sowie „dezentralisierter Vollzugseinheiten" tätig werden[197]. Insgesamt will man die Ausbildung und Fortbildung stärker auf die pädagogischen Bedürfnisse eines Behandlungsvollzuges abstellen. Ein Aufnahmevollzug in einer Aufnahmeanstalt soll die Verteilung der Gefangenen auf die verschiedenen Anstalten vorbereiten; die Einweisungspraxis soll sich teils an Persönlichkeitsmerkmalen, wie etwa der Gefährlichkeit des Gefangenen und dessen Alter, teils an der Dauer der Strafe und etwaigen Vorstrafen orientieren. Dabei fällt auch hier der hohe Anteil an Gefangenen mit kurzen Freiheitsstrafen auf. Wenn im Durchschnitt nur zehn Prozent der in der Aufnahmeanstalt jeweils befindlichen Gefangenen mehr als ein Jahr Freiheitsentzug zu verbüßen haben, so zeigt das deutlich, daß sich insoweit die mit der Strafrechtsreform von 1969 verknüpften Erwartungen nicht erfüllt haben[198]. Die baulichen Maßnahmen sollen sich an den Gesichtspunkten der Dezentralisierung, Flexibilität und Variabilität orientieren. Langfristige Planungen streben anscheinend das Prinzip räumlicher Trennung und Aufgliederung für den gesamten Bereich des Erwachsenenstrafvollzuges an. Schwerpunkte des Behandlungsvollzuges sieht der Bericht außer in der Sozialtherapie im Bildungsbereich, im Vollzug an Erstbestraften und im Entlassungsvollzug. Gezielte Unterrichtsmaß-

[195] Drucksache 6/759, S. 6.
[196] Drucksache 6/759, S. 15 f.
[197] Drucksache 6/759, S. 4.
[198] Drucksache 7/759, S. 8 f.

nahmen sollen auf den Ausgleich des bei vielen Straffälligen vorhandenen schulischen und bildungsmäßigen Defizits hinarbeiten, die Einrichtung einer Erstbestraftenstation der Gefahr einer kriminellen Infektion vorbeugen. Das soziale Entlassungstraining, das gruppendynamische Arbeit mit vertiefter Einzelfallhilfe verbinden soll, hat nach den Vorstellungen des Berichts die Aufgabe, den Übergang in die Freiheit zu erleichtern[199].

Besondere Aufmerksamkeit schenkt der Bericht — im Sinne der skizzierten Doppelstrategie — ferner dem Modellversuch in der sozialtherapeutischen Abteilung[200]. Hier wird auch das eingangs erwähnte Kriminalitätskonzept entwickelt, von dem dann der therapeutische Ansatz abgeleitet wird. Dieser wiederum ist maßgebend für den organisatorischen und personellen Rahmen, innerhalb dessen Sozialtherapie praktiziert werden soll. Der lerntheoretische Ansatz, wonach „jedes abweichende Verhalten, also auch kriminelles Verhalten, auf Lernstörungen im Sozialisierungsprozeß" beruht, führt konsequenterweise dazu, die Indikation für Sozialtherapie anders zu bestimmen, als es etwa in § 65 StGB i. d. F. des 2. StRG geschehen ist[201]. Als Auswahlkriterien figurieren statt dessen die Faktoren Behandlungsbedürftigkeit, Behandlungsfähigkeit und Behandlungswilligkeit. Weitere Auslesegesichtspunkte ergeben sich aus der Notwendigkeit eines bestimmten Behandlungszeitraumes und eines nahtlosen Übergangs in die Freiheit nach Beendigung der Therapie. Das Konzept geht davon aus, daß das Erlernen sozialer Verhaltensweisen und Techniken zur Lebensbewältigung von der „Schaffung geeigneter Lernfelder" abhängig ist, die ein Realitätstraining erlauben[202]. An die Stelle von Anpassung und Indoktrination sollen Selbstbestimmung und Kooperation treten. Die sozialtherapeutische Behandlung soll sich in sieben Bereichen vollziehen, zu denen neben dem Einzelgespräch und der Gruppenarbeit das sog. Dynamische Plenum, das Gemeinschaftsleben, der Arbeitsbereich, die Außenkontakte und das Außenzentrum zählen. Das gesamte Personal der Abteilung hat sich bei seiner Tätigkeit — freilich mit unterschiedlichen Funktionen — an jenem Konzept zu orientieren. Regelmäßige Konferenzen des Be-

---

[199] Vgl. im einzelnen Drucksache 6/759, S. 17 ff.
[200] Drucksache 6/759, S. 34 ff.
[201] Drucksache 6/759, S. 35 f.
[202] Dazu näher Drucksache 6/759, S. 36 ff.

handlungsteams und systematische Fortbildungsgespräche sollen die Kontinuität der Behandlung sichern und den Mitarbeitern Hilfen an die Hand geben. Der Bericht schließt mit der — keineswegs überraschenden — Feststellung, „daß wissenschaftlich fundierte Aussagen über die Rückfälligkeit nach vorangegangener therapeutischer Behandlung einen längeren Beobachtungszeitraum voraussetzen"[203].

Dieses Beispiel ist symptomatisch für den gegenwärtigen Stand und die künftige Planung des Vollzuges. Zunächst einmal gibt es zu erkennen, daß die Sozialtherapie derzeit sowohl ein Provisorium als auch ein Novum innerhalb des gesamten Vollzuges ist und wahrscheinlich auf absehbare Zeit hinaus bleiben wird. Hierdurch entsteht eine durchaus ambivalente Situation. Einerseits können davon insofern positive Auswirkungen auf den sog. Regelvollzug ausgehen, als dieser besondere Anstrengungen unternimmt, um jene Distanz zu verringern und seine eigene Reform voranzutreiben. Andererseits könnte davon aber auch ein Sog in Richtung des allgemeinen Status quo ausgehen, der auch die Sozialtherapie zu erfassen droht — etwa weil sie als Fremdkörper innerhalb des heutigen Vollzugssystems empfunden wird. Daß diese Gefahr nicht ganz von der Hand zu weisen ist, zeigt die jüngste Entwicklung mancher sozialtherapeutischer Einrichtungen[204]. Soweit aber tatsächlich eine erhebliche sachliche Diskrepanz zwischen Sozialtherapie und sog. Regelvollzug besteht, muß man wohl annehmen, daß dessen organisatorische, personelle und bauliche Vorgegebenheiten einen „qualitativen Sprung" nach Art der Sozialtherapie lediglich in einem überaus langwierigen und aufreibenden Veränderungsprozeß zulassen. Bezeichenderweise werden für den Bereich des sog. Regelvollzuges meist nur punktuelle Verbesserungen ins Auge gefaßt, die zwar für sich genommen durchaus Gewicht haben, aber einen grundlegenden Wandel des Systems noch nicht herbeiführen können. Es sind Teilaspekte der Differenzierung und Klassifizierung, der Gliederung der Vollzugsanstalten in Abteilungen und Wohngruppen, der Arbeit und Ausbildung des Gefangenen, der Schulung und Fortbildung des Vollzugsdienstes. Eine Strukturreform, die das Ganze der Voll-

---

[203] Drucksache 6/759, S. 39.
[204] Vgl. namentlich die Berichte von *Rasch* und *Sagebiel* (Anm. 31) sowie von *Heinz/Korn*, Sozialtherapie (Anm. 31), S. 203 ff., über Düren.

zugsanstalt in den Griff nimmt und etwa ihrem inneren Aufbau gilt, liegt darin noch nicht. So werden denn auch Fragen der Mitentscheidung des Anstaltspersonals, der Konferenzverfassung und der Gefangenenmitverantwortung in aller Regel lediglich im Hinblick auf die Sozialtherapie diskutiert. Es fällt auf, daß insoweit das Behandlungskonzept für den Allgemeinvollzug leerläuft.

Das mag nicht zuletzt durch die Zurückhaltung des RE — und teilweise schon des KE — veranlaßt sein, der hier wie an verschiedenen anderen Punkten eine detaillierte Regelung des Behandlungsvollzuges scheute, entweder weil ihm die empirischen Grundlagen dafür zu fehlen schienen oder weil er diese Bereiche für gesetzlich nicht normierbar hielt. Eine solche Überlegung liegt deshalb nahe, weil umgekehrt vielfach Reformmaßnahmen ausdrücklich mit bestimmten Vorstellungen des RE begründet werden, also gleichsam in Vorwegnahme des StVG getroffen werden. Insofern spricht einiges für die Annahme, daß von dem RE — und vielleicht schon vom KE — sowohl Anstöße als auch Bremswirkungen ausgegangen sind und noch ausgehen. Denn es ist wohl anzunehmen, daß die Länder, die nach der Stellungnahme des Bundesrates jedenfalls teilweise noch zurückhaltender taktieren möchten, in den Regelungen des RE eher Maximalforderungen erblicken, denen man im Rahmen des Möglichen gerecht werden müsse, als Minimalforderungen, über die man im Interesse des Behandlungsvollzuges noch hinausgehen könne. Kritik daran, daß das Behandlungskonzept, das ja ohnehin nicht binnen kurzem verwirklicht werden kann, in der Praxis nur partiell realisiert wird, hätte sich dann auch an die Adresse des Gesetzgebers zu richten.

Aber das skizzierte Beispiel lehrt noch ein weiteres: Bloße Liberalisierungs- und Humanisierungsmaßnahmen tragen — wie der Bericht des Berliner Senats selbst hervorhebt[205] — noch kein Reformkonzept. Bleibt es auf längere Zeit dabei, können sie diesem sogar schaden, weil hierdurch der falsche Eindruck genährt würde, das sei letztlich mit dem Behandlungsvollzug gemeint. So begrüßenswert der Abbau sinnwidriger und lebensfremder Restriktionen nicht nur vom Standpunkt der Betroffenen aus ist, so richtig ist es, daß er ohne sozialpädagogische

---

[205] Drucksache 6/759, S. 4.

Arbeit mit Gefangenen — namentlich in Gruppen — ein Torso
bleibt. Es mag heute müßig sein, erneut die Frage aufzuwerfen,
ob die vielberedete Verunsicherung des Vollzugspersonals durch
geeignete Maßnahmen der Unterrichtung und Fortbildung hätte
aufgefangen werden können und müssen. Aber sicher geht das
Mißverständnis, Hafterleichterungen seien schon mit dem Behandlungsvollzug und dieser mit einer Einführung des Laisser-
faire-laisser-aller-Prinzips gleichzusetzen, auch auf das Konto
mangelnder psychologischer und fachlicher Vorbereitung der im
Vollzug Tätigen und Befindlichen. Freilich stößt man hier auf
das noch gewichtigere Problem, daß selbst etliche Fachkräfte auf
ihre Tätigkeit im Vollzug nicht hinreichend vorbereitet sind.
Ausbildungsgänge und Curricula der Psychologen[206], Psychotherapeuten, Ärzte, Sozialarbeiter[207] und Soziologen sind eben
nicht speziell auf eine sozialpädagogische und -therapeutische
Arbeit zugeschnitten. Sie vermitteln vielfach auch keine nähere
Kenntnis der einschlägigen sozialen Wirklichkeit — wozu ja
wenigstens ein Praktikum im Bereich der Bewährungshilfe, der
Jugendgerichtshilfe, der Heimerziehung oder des Strafvollzuges
gehören würde. Nun sind gewiß Bestrebungen vorhanden, dieser Praxisferne abzuhelfen. Aber sie können letztlich nur dann
erfolgreich sein, wenn sie von einer zulänglichen theoretischen
Aufarbeitung der Materie begleitet werden. Daran hapert es
indessen nicht zuletzt deshalb, weil die Vielfalt theoretischer,
vielfach empirisch unbeglaubigter Ansätze auf den Gebieten abweichenden Verhaltens und der sozialen Kontrolle den Zugang
zu diesen Themen erschweren, wenn nicht gar verstellen[208].
Die Rückkehr zu tradierten kriminalätiologischen und -thera-
peutischen Interpretationsversuchen ist denn auch Folge einer
Zunahme wissenschaftlicher Komplexität, wie wir sie allgemein

---

[206] Zur Rolle und zum Selbstverständnis des Psychologen im gegenwärtigen Vollzug vor allem *Wagner*, Psychologie (Anm. 35), S. 70 ff., 95 ff.
[207] Zur beruflichen Vorbereitung des Sozialarbeiters auf die Tätigkeit im
Vollzug etwa *Müller-Dietz*, Sozialarbeit im Strafvollzug (Anm. 104), S. 19 ff.,
ders., Sozialarbeit als zentrale Aufgabe (Anm. 3), S. 115 f. Allgemein
Rössner, Entwurf einer Theorie der Sozialarbeit, Archiv für Wissenschaft
und Praxis der sozialen Arbeit 2 (1971), S. 196—223.
[208] Dazu recht instruktiv *Wiswede*, Soziologie (Anm. 27), passim. Über
die Konsequenzen für die Arbeit im Vollzug z. B. *Müller-Dietz*, Strafvollzugsreform — Ideal und Wirklichkeit, in: Caritas '73. Jahrbuch des Deutschen Caritasverbandes, S. 30—41 (35 f.).

für gesellschaftliche Phänomene und für den Strafvollzug konstatiert haben.

X.

So bleibt nach alledem die Frage, was als gesicherter oder zumindest diskutierbarer Bestand an Erkenntnissen in normative Regelung und praktische Reform des Vollzuges eingebracht werden kann. Sie ist vorerst ebenso kontrovers wie die Frage, ob und inwieweit sich die Kluft überwinden läßt, die bei jeder Neuregelung einer Organisation oder eines sozialen Feldes zunächst entsteht. Denn das hängt einmal von den vorfindlichen tatsächlichen Bedingungen ab. Das hat aber auch gewiß mit der Konzeption zu tun, die man zu verwirklichen gedenkt. Man kann Neuerungen durchsetzen wollen, indem man — wie es der AE anstrebt — bei aller Flexibilität die künftige Organisationsstruktur festschreibt. Man kann auch den entgegengesetzten Weg einschlagen, indem man nach dem Muster des RE lediglich allgemeine Zielvorstellungen formuliert, deren allmähliche Konkretisierung und Verwirklichung man der Praxis überläßt. Für beide Verfahrensweisen gibt es Argumente. Der AE kann sich darauf berufen, daß ohne Detailmalerei das Bild, das man vom Behandlungsvollzug hat, weder erkennbar wird noch entsteht. Die Erfahrungen aus der Geschichte des Strafvollzuges und seiner Reformbestrebungen belegen, in welchem Maße ein neues Konzept der Unterstützung durch den Gesetzgeber bedarf, um überhaupt Chancen der Realisierung zu erhalten. Je allgemeiner die Regelung, desto größer die Gefahr, daß finanzielle und personelle Bedenken die Grenzmarken der Minimalanforderungen setzen. Umgekehrt kann indessen der RE für sich in Anspruch nehmen, daß legislatorische Zurückhaltung den Weg zu neuen Entwicklungen offenhalten kann. Dafür spräche, daß sich die Konturen eines arbeitsfähigen Behandlungsvollzuges allenfalls umrißhaft abzuzeichnen beginnen, und dafür sprächen auch die „Ernüchterung und Melancholie in der Behandlungsforschung"[209], die — wie der Vollzug selbst von vielen Rückschlägen begleitet — mühsam die Fesseln einer sperrigen sozialen Wirklichkeit zu lockern sucht.

Gleichwohl wird man feststellen müssen, daß der RE auf

---

[209] Günther *Kaiser*, Ausgangspunkte, Wandlungen und Streitfragen kriminologischen Denkens, DRiZ 48 (1970), S. 255—260 (259).

halbem Wege stehengeblieben ist, weil er seine eigenen Zielvorstellungen vom Behandlungsvollzug nicht ausformuliert hat.
Seinem Manko entspricht der normative Überschuß, der den
AE kennzeichnet. Im günstigsten Falle fördert er die Experimen-
tierfreudigkeit der Praxis, deren Erfahrungen dann zwar in
eine konkrete gesetzliche Regelung eingehen könnten, aber
sehr wahrscheinlich nicht eingehen werden. Die Chance des AE ist
es, in Modellanstalten verwirklicht zu werden; mehr kann er
schwerlich erwarten. Es ist sicher nicht nur der ihm anhaftende
Utopieverdacht, der seiner uneingeschränkten Umsetzung in
Praxis entgegensteht; es ist — neben den finanziellen und personellen Barrieren — eben auch der Zweifel, ob ein derart ver-
faßter Vollzug dem Personenkreis der Straffälligen in vollem
Umfang gerecht werden würde, ob er Methode und Ziel zur
Deckung brächte. Der Begrenzung jener Anforderungen im RE
entspricht freilich sein geringerer innovatorischer Charakter.
Der organisatorische, personelle und bauliche Rahmen des RE
gleicht einem Schemen, der durch den heutigen Vollzugsalltag
wieder verdrängt werden kann — das Konzept des AE einem
Gedankenblitz, der die Vollzugsszene für einen Augenblick er-
hellen, dann aber rasch wieder verlöschen kann. Was der RE
um der Durchführung der Reform willen zuviel an Reform
opfert, opfert der AE zuviel der Reinheit seiner Idee, die an der
Wirklichkeit zuschanden werden könnte. Das Verdienst des RE,
mehr aber noch des KE ist es, erste Schritte in vielfach noch
brachliegendes Neuland hinein gewagt zu haben, das Verdienst
des AE, konkrete Möglichkeiten aufgezeigt zu haben, wie man
es urbar machen könnte. Der RE hat den Aktionsspielraum für
die Verwirklichung eines Behandlungsvollzuges zumindest ge-
danklich erweitert und damit psychologisch die vollzugspolitische Szene verändert. Eine im einzelnen nicht faßbare und
schon gar nicht empirisch belegbare Ahnung sagt uns, daß das
Optimum des jetzt und hier Erreichbaren irgendwo zwischen
beiden Entwürfen läge, etwa in einem modifizierten KE, der
erst noch vorzulegen wäre.

XI.

Sucht man diesem grundsätzlichen und kritischen Systemver-
gleich, den aktuellen wissenschaftlichen Tendenzen und den sich
in der Vollzugspraxis anbahnenden Veränderungen einige all-

90

gemeine Einsichten zur künftigen Ausgestaltung und Regelung des Behandlungsvollzuges abzugewinnen, so ließen sich in etwa folgende Thesen formulieren, die in mehr theorie- und in mehr praxisbezogene zu gliedern wären. Zum heutigen Stand der Behandlungsforschung und zum Verhältnis von Theorie und Praxis wäre zu sagen:

1. Die prinzipielle Übereinstimmung hinsichtlich des Vollzugs- oder Behandlungsziels der Rückfallverhütung und der wichtigsten Vollzugsgrundsätze besagt noch keineswegs alles für die konkrete Ausgestaltung des Vollzuges und der Vollzugsanstalt. Der Spielraum an Entscheidungs- und Handlungsalternativen ist — zumindest theoretisch — vermutlich größer, als man gemeinhin annimmt. Belege dafür liefern vor allem die Entwürfe zum StVG selbst und die bisherige wissenschaftliche Diskussion.

2. Keines der bisher entwickelten und vorgeschlagenen Behandlungsmodelle ist bisher auf breiter, auch statistisch relevanter Grundlage praktisch erprobt und methodenkritisch überprüft worden. Selbst die Frage, ob sich vorliegende singuläre Daten und Erfahrungen, namentlich solcher, die einzelnen Vollzugsanstalten entstammen, auf den Vollzug eines ganzen Landes oder zumindest überregionale Verhältnisse übertragen lassen, ist noch nicht einmal theotisch zweifelsfrei beantwortet.

3. Die Konsequenz, daß Behandlungsmodelle erst einmal auf ihre Eignung und Funktionsfähigkeit empirisch getestet werden müssen, erscheint deshalb unabweisbar; sie wird denn auch allenthalben gezogen. Die Forderung nach vollzugsbegleitender kriminologischer Forschung, deren Ergebnisse jeweils in die praktische Gestaltung des Vollzuges und in die Behandlungsmethodik einzugehen hätten, wird vor allem von den Entwürfen — freilich mit unterschiedlichem Nachdruck — vertreten.

4. Die Problematik vollzugseigener Forschung liegt indessen vor allem darin, daß ihr praktisches Erkenntnisinteresse im Nachweis eines Erfolges des Behandlungsvollzuges, namentlich bisher oder neu angewandter Methoden liegt. Wissenschaftliches Erkenntnisinteresse richtet sich hingegen — weil unabhängige Forschung nicht unter gleichem Er-

folgsdruck steht — darauf, ob und inwieweit bestimmte Behandlungskonzepte — und gegebenenfalls der Behandlungsvollzug als solcher — zur Bekämpfung der Rückfallkriminalität beitragen.

5. Solange nicht ausgeschlossen werden kann, daß eine wissenschaftlichen Erkenntniszielen verpflichtete Vollzugsforschung zu negativen Ergebnissen kommt, stehen nicht nur einzelne Behandlungsmodelle, sondern möglicherweise auch das Behandlungskonzept als solches zur Disposition. Die Skepsis, die in Kreisen der Forschung hinsichtlich des Behandlungskonzepts anzutreffen ist, erscheint jedoch wohl kaum in größerem Maße gerechtfertigt als die Annahme, daß bereits effiziente und zugleich empirisch abgesicherte Behandlungsmodelle vorliegen. Es gibt Anzeichen dafür, daß dieses „non liquet" noch längere Zeit andauern wird.

6. Zu klären wäre im Rahmen empirischer Forschung zunächst und vor allem, was eigentlich Erfolg im Sinne des Behandlungskonzepts bedeutet[210]. Eine gewisse Wahrscheinlichkeit spricht dafür, daß diese Frage wesentlich differenzierter beantwortet werden muß, als es bisher gemeinhin geschieht. So wäre zu erwägen, ob bei sozial besonders massiv geschädigten Tätern, deren Rückfallwahrscheinlichkeit relativ hoch veranschlagt werden muß, ein erster Erfolg schon darin gesehen werden kann, daß Intensität des kriminellen Verhaltens und/oder Häufigkeit von Straftaten nachlassen.

7. Bei der Ermittlung des Erfolgs oder Mißerfolgs von Behandlungsmaßnahmen bleibt allemal zu berücksichtigen, daß der Strafvollzug nur einen Teil der Faktoren verkörpert, die das Sozialverhalten nach der Entlassung beeinflussen (können). Insofern ist besondere Zurückhaltung am Platze, wenn bestimmte Vollzugsbedingungen in unmittelbaren Zusammenhang mit einer Zunahme oder Abnahme der amtlich registrierten Kriminalität gebracht werden (sollen)[211]. So besteht die Gefahr kausalmechanisti-

---

[210] Vgl. *Kaiser*, Kriminologie (Anm. 4), S. 87 ff. Grundsätzlich bedeutsam auch *Cremerius*, Die Beurteilung des Behandlungserfolges in der Psychotherapie, 1962, S. 35 ff., 60 ff., 80 ff.

[211] Vgl. etwa *Reinert*, Strafvollzug in einem halboffenen Gefängnis, 1972, S. 10 ff.

92

scher und die soziale Wirklichkeit verkürzender Betrachtungsweise. Namentlich bei Entwicklung globaler Theorien
riskieren es Vollzug und Vollzugsforschung, sich in das
Schlepptau verbreiteter Vorurteile oder spekulativer Hypothesen zu begeben, die der jeweiligen Verfassung des
Vollzuges das statistisch feststellbare Anwachsen der
Kriminalität anlasten, sei es daß sie dieses auf das Fehlen,
sei es daß sie es auf die Verwirklichung eines Behandlungsvollzuges zurückführen.
8. Theoriebezug der Praxis und Praxisbezug der Theorie
wären die Leitgedanken, an denen sich Vollzug und Vollzugsforschung zu orientieren hätten. Die Theoriefremd-
heit der Praxis wäre vor allem, wenn auch keineswegs
allein, in der Gestaltung der Vollzugsorganisation und in
der Ausbildung und Fortbildung des Strafvollzugsdienstes
zu überwinden. Die Annahme, daß eine Rezeption heutiger sozial- und humanwissenschaftlicher Erkenntnisse entbehrlich, ja für die tägliche Arbeit in den Vollzugsanstalten sogar schädlich sei, ist vorwissenschaftlichen Ursprungs
und fördert die Betriebsblindheit der Praxis. Diese Vorstellung wird indessen auch und gerade von der Praxisferne der Theorie genährt, deren Fragestellungen und Ergebnisse nicht selten Selbstzweckcharakter annehmen[212].
Hier wird die praxisbegleitende kriminologische Forschung
neben den realen Handlungs- und Veränderungsmöglich-
keiten des Vollzuges vor allem den Faktor Zeit bedenken
müssen, der Reformmodellen im positiven wie im negativen
Sinne Grenzen setzt.

Zur Sache selbst, d. h. was die Ausgestaltung eines Behandlungsvollzuges anlangt, lassen sich folgende Thesen formulieren:
1. Die Schwierigkeiten, ein wirksames und funktionsfähiges
Behandlungskonzept zu entwickeln, sind zumindest teilweise in
empirischen Vorgegebenheiten begründet, die sich nur in relativ
engen Grenzen korrigieren lassen. Dazu gehört einmal der
Faktor Zusammensetzung der Anstaltsinsassen. Soweit es sich

[212] Praxisferne konstatiert *Naucke*, Über das Verhältnis von Strafrechtswissenschaft und Strafrechtspraxis, ZStW 85 (1973), S. 399—437, auch bei
der Strafrechtswissenschaft (kritisch freilich manche Stellungnahmen zu dieser These, vgl. ZStW 1973, S. 464 ff.).

um erwachsene Täter mit mehr oder weniger erheblichen Sozia-
lisationsdefiziten handelt, ergibt sich das Problem, Entwick-
lungs- und Lernprozesse in Gang zu setzen, die zuvor — in
Kindheit und Jugend — entweder gar nicht stattgefunden
haben oder gestört waren. Zum zweiten resultieren Schwierigkeiten aus der Tatsache zwangsweisen Freiheitsentzuges selbst.
Es liegt auf der Hand, daß dieser Faktor — jedenfalls grundsätzlich — keine günstige Voraussetzung für ein soziales Ver-
haltenstraining, das die Änderung von Einstellungen und Verhaltensweisen einschließt, darstellt. Die Problematik läßt sich
am besten an der Gegenüberstellung von staatlichen Reaktionsmechanismen, die im Hinblick auf dissoziales oder delinquen-
tes Verhalten Platz greifen, und Therapiekonzepten veranschau-
lichen[213]. Der AE bildet ein besonders eindrucksvolles Beispiel
für die Schwierigkeit des Versuchs, institutionelle Zwänge mit
therapieimmanenten Gesichtspunkten der Freiwilligkeit, Ichfindung und Spontaneität zu versöhnen.

2. Solange repräsentative Analysen des Personenkreises fehlen, der in die Vollzugsanstalten gelangt, begegnet jeder Versuch, ein konkretes und in sich konsistentes Behandlungskonzept
zu entwickeln, auch deshalb erheblichen Schwierigkeiten. Immerhin darf auf Grund statistischer Erhebungen, von Verlaufs-
untersuchungen und Organisationsstudien vermutet werden, daß
ein relativ hoher Prozentsatz der Anstaltsinsassen aus sozial de-
fizienten Rückfälligen und Vorbestraften besteht[214]. Ist das
richtig, erfordert eine Behandlung zum Zwecke der Rückfallverhütung vor allem gezieltere und intensivere, namentlich kom-
pensatorische soziale Hilfen, die im Rahmen des Möglichen Milieu-
schäden und Persönlichkeitsstörungen auszugleichen suchen. Als
Grundlage hierfür bieten sich lern- und verhaltenstheoretische
Ansätze an.

3. Die heutige Zusammensetzung der Anstaltsinsassen, wie
sie auf Grund der Selektionsmechanismen der Strafverfolgung

[213] Paradigmatisch Heike *Jung*, Staatliche Reaktionsmechanismen und
Therapiekonzepte bei Drogengeschädigten — ein unauflösbarer Konflikt? In:
Kriminaltherapie heute (Anm. 31), S. 35—49. Hierbei geht es wesentlich —
wenn auch keineswegs allein — um das Problem der Entkriminalisierung
(z. B. *Kaiser*, Kriminologie [Anm. 4], S. 66, 90; *ders.*, Jugendrecht und Ju-
gendkriminalität, 1973, S. 86, 135, 154, 252, 351).
[214] In diesem Sinne z. B. *Christ*, Sozialisationsbedingungen und Strafvollzug, in: Strafvollzug (Anm. 160), S. 14—32.

sowie auf Grund von Regelung und Praxis der strafrechtlichen Sozialkontrolle zustande kommt, erfordert einen außerordentlich differenzierten Vollzug. Solange neben persönlichkeitsgestörten und gemeingefährlichen Delinquenten sozial integrierte Täter, Kleinkriminelle, ja sogar noch Gemeinlästige und in statistisch erheblichem Ausmaß Verurteilte mit kurzen Freiheitsstrafen in den Vollzug gelangen, hat dieser unterschiedlichsten Erwartungen und Behandlungsbedürfnissen Rechnung zu tragen. Unter solchen Voraussetzungen verbieten sich einlinige Behandlungskonzepte, die ihren Schwerpunkt in einen einzigen Faktor oder auch nur in wenige Faktoren — wie beispielsweise in Arbeit und berufliche Bildung oder in Erwachsenenbildung und therapeutische Behandlung oder in soziale Hilfe und Gruppenarbeit — setzen.

4. Darüber, daß Arbeit und Ausbildung — in einem umfassenden Sinne verstanden als Weiter- oder Erwachsenenbildung — integrative soziale Lernfelder und Lebensbereiche darstellen, besteht weitgehend Konsens. Selbst ein teilweiser Verzicht auf jene Sozialisationsfaktoren, die schon das Leben in Freiheit mitprägen, wäre lebensfremd und müßte zu einer erheblichen Verkümmerung der Reifungs- und Entwicklungschancen des Straffälligen führen. Elementare Teilstücke eines Behandlungsvollzuges bilden aber auch soziale Hilfe und therapeutische Behandlung, wozu namentlich Gruppen- und Einzeltherapie auf verhaltenswissenschaftlicher Grundlage gehören. Dissens ist jedoch hinsichtlich der Gewichtung dieser verschiedenen Sozialisationsfaktoren und der Beurteilung ihres Verhältnisses untereinander zu registrieren. Neigen überkommene Vollzugssysteme dazu, Arbeit und berufliche Bildung — also nicht einmal Weiterbildung im ganzen — überzubetonen, so tendieren neuere Vollzugskonzepte zu einer Überbewertung von therapeutischer Behandlung und Erwachsenenbildung. Beide Ansätze verkennen, daß die Schaffung solcher Schwerpunkte angesichts der heterogenen Insassenstruktur und unterschiedlicher Sozialisationsbedürfnisse jeweils nur bestimmten Gefangenengruppen Rechnung trägt, aber keineswegs der Gesamtheit aller Gefangenen gerecht wird.

5. Diese schon empirisch vorgegebene soziale Komplexität des Vollzugssystems insgesamt läßt sich nicht beliebig steigern, wenn es nicht funktionsunfähig werden soll. Deshalb sind so-

wohl einer Differenzierung der Vollzugsanstalten (und ihrer Untergliederungen), als auch einer Differenzierung der Behandlungsmethoden, die über die Bildung von Schwerpunkten in den genannten Lebensbereichen oder sozialen Lernfeldern hinausgeht, Grenzen gezogen. Andererseits sollte nicht ein falsch verstandener Gleichheitsgrundsatz dazu benutzt werden, verschiedenartige Behandlungsbedürfnisse zu unterlaufen oder auf der Grundlage des kleinsten gemeinsamen Nenners zu nivellieren. Insofern scheinen die gängigen Erwartungen, die hinsichtlich einer Vereinheitlichung des Vollzuges in den Ländern an ein StVG gerichtet werden, dessen Möglichkeiten erheblich zu überschätzen.

6. Es gibt Anzeichen dafür, daß unterschiedlichen Erfordernissen der Behandlung und Sicherung am ehesten durch Differenzierung innerhalb der Vollzugsanstalt entsprochen werden kann[215]. Abgesehen von Sonderfällen — wie etwa der ärztlichen Behandlung somatisch kranker Gefangener — sollte deshalb versucht werden, diesen Grundsatz auf Abteilungsebene zu verwirklichen. Werden die einzelnen Abteilungen organisatorisch und räumlich bis zu einem gewissen Grade verselbständigt, dürfte sich auch das Problem der Anstaltsgröße entschärfen lassen.

7. Daß eine differenzierte und differenzierende Behandlung eine wissenschaftlich fundierte Persönlichkeitserforschung voraussetzt, versteht sich von selbst. Derartige Analysen sollten jedoch nicht zu einem Schematismus der Klassifizierung führen, der ein flexibles und individualisierendes Vorgehen verhindert. Besondere Zurückhaltung erscheint bei der Einteilung der Straftäter auf der Grundlage von Behandlungsprognosen geboten, die sich über die Rückfallwahrscheinlichkeit und Chancen einer (Wieder-)Eingliederung äußern. Zu bedenken ist vor allem, daß von einer negativen Charakterisierung, etwa als „resozialisierungsunfähig", ein Stigmatisierungseffekt ausgeht, der sowohl auf den Betroffenen als auch auf die mit ihm befaßten Beamten lähmend wirken und damit selbst geringe Ansatzmöglichkeiten zerstören kann[216]. Einem Straftäter bescheinigen,

---

[215] Das entspricht dem Konzept der Vorschläge der Arbeiterwohlfahrt (Anm. 169), S. 21, sowie dem des AE (Anm. 15), S. 63.

[216] Vgl. *Kaiser*, Kriminologie (Anm. 4), S. 86. Zur wissenschaftlichen Problematik der Klassifizierung *Opp*, Probleme der Klassifikation in der Kriminologie, MSchrKrim 56 (1973), S. 100—111.

daß er ein aussichtsloser Fall ist, kann die Wirkung einer „self-fulfilling prophecy" auslösen, also den Rückfall vorbereiten helfen. Zudem gibt es heute noch keine wissenschaftliche Methode, die eine derart generelle Aussage mit einer der medizinischen Diagnostik vergleichbaren Sicherheit und Exaktheit erlaubte. Regelmäßig beziehen sich brauchbare Erfolgsprognosen insoweit auf die Eignung oder Nichteignung bestimmter Behandlungsmethoden im Hinblick auf bestimmte Täterpersönlichkeiten. Daß in schwierigen Fällen nur Behandlungsversuche unternommen werden können, braucht nicht eigens hervorgehoben zu werden.

8. Unabhängig von individuellen Behandlungsbedürfnissen und -erfordernissen verlangt die besondere Situation des Freiheitsentzuges nach einer „durchgehenden sozialen Hilfe"[217]. Wenn es richtig ist, daß der Vollzug Sozialarbeit im weitesten Sinne zum Zwecke der (Wieder-)Eingliederung zu leisten hat, muß vom ersten Tage des Freiheitsentzuges an die Entlassung vorbereitet werden. Für jeden Gefangenen muß deshalb ein Kontinuum fachlicher „Begleitung" und Beratung bis zum völligen Abschluß jenes Integrationsprozesses gesichert sein. Hieraus folgt, daß die soziale Hilfe über den Zeitpunkt der Entlassung hinaus gewährt werden muß — jedenfalls soweit der Straffällige ihrer bedarf und zur Zusammenarbeit bereit ist. Das setzt namentlich einen stärkeren Verbund von Sozialarbeit im Vollzug und Bewährungshilfe voraus. Entweder sollten soziale Kontakte, die Grundlage eines Vertrauensverhältnisses zwischen Bewährungshelfer und Proband sein könnten, bereits in der Vollzugsanstalt zustande kommen; oder die in der Anstalt tätige Bezugsperson sollte, soweit erforderlich, nach der Entlassung als Bewährungshelfer tätig werden[218]. In diese Arbeit könnten auch geeignete und entsprechend geschulte freiwillige Anstaltshelfer einbezogen werden.

9. Ohnehin wird der Vollzug, wenn er die ihm gestellte Reformaufgabe auch nur annähernd erfüllen will, in stärkerem Maße als bisher auf die Mitarbeit geeigneter „externer" Grup-

---

[217] Vgl. *Wiesendanger*, Die durchgehende soziale Hilfe bei Straffälligen, BewHi 20 (1973), S. 126—143.
[218] Beide Modelle haben in § 64 AE (Anm. 15) Ausdruck gefunden (S. 131).

pen und Einzelpersonen zurückgreifen müssen[219]. In Betracht
kommen dafür namentlich die Bereiche der beruflichen Bildung
und Erwachsenenbildung sowie der Herstellung und Unterstützung sozialer Beziehungen. Auf therapeutischem Gebiet ist
ein Behandlungsvollzug schon deshalb auf anstaltsexterne Fachkräfte angewiesen, weil er anders seinen Verpflichtungen
schwerlich wird nachkommen können; sowohl die Personallage
als auch die Weiterentwicklung der Behandlungsmethoden erfordern das. Eine solche Mitarbeit könnte gleichzeitig zur
„Öffnung des Vollzuges"[220] beitragen und dieses soziale System
transparent werden lassen.

10. Bisherige Erfahrungen sprechen dafür, besonderes Augen-
merk der sozialpädagogischen und verhaltenswissenschaftlichen
Ausbildung und Fortbildung des gesamten Vollzugspersonals zu
schenken. Dabei wären in Art und Intensität der Vorbereitung
natürlich berufsspezifische Unterschiede in jeweiliger Funktion
und Tätigkeit zu berücksichtigen. Langfristig wäre die Entwicklung adäquater, d. h. dem Behandlungskonzept angemessener
Berufsbilder in Angriff zu nehmen. Behandlungsvollzug ist nicht
nur personal-, sondern auch persönlichkeitsintensiv. Die vielfach
noch vorherrschende stark auf die jetzige Praxis bezogene, teils
technisch-administrative, teils juristische Einführung in die Voll-
zugsarbeit bleibt an der Oberfläche einer veränderungsbedürfti-
gen Vollzugswirklichkeit haften und orientiert sich (noch) zu
wenig an den pädagogisch-therapeutischen Erfordernissen sozialer Lernprozesse. Verunsicherungen des Personals resultieren
nicht nur aus Mängeln der Reform oder aus der Situation des
Wandels selbst, sondern auch aus mangelnder theoretischer und
praktischer Aufarbeitung dieser Situation.

11. Die gegenwärtigen Schwierigkeiten der im Vollzug Tätigen haben ihren Grund ferner im Fehlen eines Organisations-
konzeptes, das die Mitwirkung des Personals an den Informa-
tions- und Entscheidungsprozessen der Vollzugsanstalt sichert.
Das gilt nicht nur für Fachkräfte, wie Psychologen und Sozialarbeiter — deren berufliches Selbstverständnis sich ohnehin
schlecht mit der traditionellen Anstaltsstruktur verträgt —, sondern auch für den Aufsichtsdienst. Das Engagement des einzelnen Beamten hängt nicht zuletzt davon ab, in welchem Maße

---

[219] Vgl. §§ 24, 25 AE. Dazu AE (Anm. 15), S. 87.
[220] *Müller-Dietz*, Strafvollzug und Gesellschaft, 1970, S. 70 ff.

98

ihm einzelne Bereiche zur selbstverantwortlichen Gestaltung anvertraut und inwieweit ihm Einfluß auf die Entwicklung der Anstalt eingeräumt werden. Insofern haben wir es hier mit einer gewissen Parallele zur Mitwirkung des Gefangenen an seiner Behandlung und an den ihn betreffenden Angelegenheiten zu tun.

12. Der „durchgehenden sozialen Hilfe" auf der Seite des Gefangenen hätte auf der Seite des Vollzugspersonals die ständige fachliche Begleitung und Beratung (Supervision) im Rahmen von Gruppenarbeit zu entsprechen[221]. Diese Unterstützung der täglichen Arbeit sollte sich nicht nur auf die Klärung einzelner Behandlungsfragen beschränken, sondern auch Hilfen zur Bewältigung persönlicher Probleme einschließen, die eben mit der beruflichen Tätigkeit in Zusammenhang stehen oder auf sie zurückwirken. Ein Behandlungsvollzug stellt auch an den Vollzugsdienst höhere Anforderungen als ein Verwahrvollzug. Manche Erfahrungen verweisen darauf, daß die hieraus erwachsenden Schwierigkeiten weder vom einzelnen Gefangenen noch vom einzelnen Beamten allein psychisch und seelisch verkraftet werden können und deshalb von einem entsprechend zusammengesetzten Team aufgefangen und verarbeitet werden müssen.

XII.

Die hier entwickelten Thesen und Vorschläge beziehen sich nur zum Teil auf Gegenstände, die sich im einzelnen gesetzlich regeln lassen. Überhaupt kann der Gesetzgeber lediglich gewisse organisatorische und personelle Rahmen- und Mindestbedingungen eines Behandlungsvollzuges formulieren und muß deren Konkretisierung der Vollzugspraxis überlassen; was normierbar ist, sollte dann allerdings ins Gesetz aufgenommen werden. Das bestätigt einmal mehr, daß Vollzugsreform keineswegs allein, ja nicht einmal vorrangig in Gesetzesreform besteht. Gewiß braucht der Vollzug rechtlich vermittelte Handlungsanweisungen und Handlungsmöglichkeiten. Was aber im Vollzugsalltag geschieht, entscheidet sich nicht allein an abstrakten Prinzipien eines Gesetzes und theoretischen Konstrukten der

---

[221] So schon Vorschläge der Arbeiterwohlfahrt (Anm. 169), S. 13; ferner AE (Anm. 15), S. 93.

Wissenschaft, sondern auch daran, wie die im Vollzug Tätigen
sie verstehen und handhaben. Insofern sollte man sich den
Blick nicht durch den Mangel an oder die Mangelhaftigkeit von
entsprechenden gesetzlichen Regelungen trüben lassen. Um die
Zukunft des Strafvollzuges wäre es schlecht bestellt, wenn das
Warten auf den Gesetzgeber, der sich — im Gegensatz zu
Godot — zwar schließlich einfindet, aber eben anders als erhofft, eine Art Alibifunktion erhielte. Das gilt gleichermaßen
für diejenigen Probleme — und es sind gewiß nicht die gering-
sten —, die der Vollzug aus eigener Kraft gar nicht lösen kann,
weil sie — in jedem Sinne des Wortes — außerhalb seiner
Einwirkungsmöglichkeiten liegen. Dazu rechnet nicht nur das
oft erörterte Thema der Einstellung der Öffentlichkeit zum
Vollzug und zum Straffälligen, der Abhängigkeit des Vollzuges
von Bereitschaft und Fähigkeit zur Mitarbeit[222]. Hierher gehören auch die strafrechtlichen und gesellschaftlichen Faktoren
der Täterauswahl und -behandlung. Das alles ist gewiß bei einer
Vollzugsreform mitzubedenken. Aber die Frage, inwieweit Än-
derungen in jenen „vollzugsexternen" Bereichen notwendig und
möglich sind, darf die eigentliche Aufgabe nicht verdrängen,
die darin besteht, zielgerechte und funktionsfähige Handlungs-
modelle nicht nur zu entwickeln, sondern auch Praxis werden
zu lassen. Dafür, daß diese Aufgabe auf der Tagesordnung
bleibt, sorgt indessen ein Bewußtsein, das sich mit der heutigen
Wirklichkeit des Strafvollzuges nicht abfinden will. Man könnte
es nicht prägnanter formulieren, als es Dieter *Wellershoff* in
seinem jüngsten Buch getan hat: „Was aber weitertreibt, das ist
das Ungenügen an dem, was ist[223]."

---

[222] Vgl. z. B. *Müller-Dietz*, Strafvollzug (Anm. 220), passim; *Kaupen*
und *Rasehorn*, Die Einstellung der Bevölkerung der Bundesrepublik zum
Strafrecht und Strafvollzug, ZRP 5 (1972), S. 21—22; *Naegeli*, Die Gesellschaft und die Kriminellen, 1972; *dens.*, Verbrechen und Strafe als Formen
der Aggression, in: *Plack*, Der Mythos etc. (Anm. 176), S. 157—180, 348—
355; *Münchbach*, Strafvollzug und Öffentlichkeit, 1973, S. 115 ff.
[223] *Wellershoff*, Literatur (Anm. 22), S. 64.